Die Großen 500 auf einen Blick
Ausgabe 2003/2004

Die Großen 500 auf einen Blick

Deutschlands Top-Unternehmen
mit Anschriften,
Umsätzen und Management

Ausgabe 2003/2004

Herausgegeben
von
Ernst Schmacke (†)

Luchterhand

Die Deutsche Bibliothek – CIP-Einheitsaufnahme

Bibliografische Information Der Deutschen Bibliothek
Die Deutsche Bibliothek verzeichnet diese Publikation in der Deutschen Nationalbibliografie; detaillierte bibliografische Daten sind im Internet über http://dnb.ddb.de abrufbar.

ISBN 3-472-05630-4

Redaktionsschluss: 31. Juli 2003

Herausgeber: Dr. Ernst Schmacke (†)
Redaktion: Karlheinz Müssig, Tel. 0 26 20/90 23 31
Lektorat: Dipl.-Kfm. Richard Kastl, Tel. 02 21/9 37 63 15

Umschlaggestaltung: Ute Weber GrafikDesign, Geretsried
Satz: Satz-Offizin Hümmer GmbH, Waldbüttelbrunn
Druck: Druckerei Plump, Rheinbreitbach

Sie finden uns im Internet unter www.luchterhand.de

Vorwort

Es gibt kaum einen besseren Indikator für die Konjunkturflaute des vergangenen Jahres als ein Blick in die Bilanzen der 500 größten Unternehmen Deutschlands. Gab es in 2001 noch ein durchschnittliches Umsatzplus von 5,5%, so waren es im vergangenen Jahr nur noch magere 0,9%. Da ist es nur ein schwacher Trost, wenn die größten 100 Unternehmen sowohl beim Umsatz als auch bei den Beschäftigten doch noch um jeweils 1,2% zunahmen.

Unter den Top Ten gab es in 2002 stärkere Verschiebungen als in den Jahren zuvor. DaimlerChrysler, Volkswagen und Siemens bilden zwar immer noch das Spitzen-Trio. Die E.ON AG ist aber aufgrund zahlreicher Firmenverkäufe (VEBA OEL, Stinnes, VAW aluminium, Schmalbach-Lubeca) auf Rang 9 abgerutscht. Die Deutsche Telekom hat sich mit einem Umsatzplus von 11,2% auf nun 53,7 Mrd. Euro auf Platz 4 vorgearbeitet – allerdings bei einem gewaltigen Jahresfehlbetrag von 24,6 Mrd. Euro! Die Metro AG tauscht mit der RWE AG die Plätze 5 und 6. BMW konnte sich um einen Platz verbessern, die Deutsche Post World Net ist nun erstmals unter den Big Ten.

Betrachtet man den Zuwachs beim Umsatz, so liegen zwei Mineralölkonzerne an der Spitze: Die Deutsche BP AG mit +140,7% und Shell & DEA Oil GmbH mit +97,8%. Beide Unternehmen sind aber nur durch Zukäufe von ARAL (BP) bzw. DEA (Shell) überproportional gewachsen, operatives Geschäft liegt dem Plus nicht zugrunde.

Ausgerechnet die beiden Noch-Staatsbetriebe Deutsche Post World Net und Deutsche Bahn AG haben die Zahl der Beschäftigten kräftig erhöht. Die Post schuf 50.000 neue Stellen (+15,7%), die Bahn richtetet 36.000 neue Jobs ein (+16,9%). Obwohl der Personalabbau in der deutschen Wirtschaft auf den ersten Blick teilweise drastisch ausfiel, ist doch überraschend, daß bei den Top 500-Unternehmen am Jahresende noch ein Plus von 2% herauskam.

Die höchsten Jahresüberschüsse erwirtschafteten DaimlerChrysler (4718 Mio. Euro), Tchibo Holding (3505 Mio. Euro nach Beteiligungsverkäufen) und E.ON (2770 Mio. Euro). VW und Siemens erzielten mit 2597 Mio. Euro exakt gleiche Ergebnisse. Beide Unternehmen weisen etwa gleich hohen Umsatz auf; Siemens beschäftigt aber rund 100.000 Mitarbeiter mehr als die Wolfsburger.

Ein nochmals verändertes Bild in der Rangfolge ergibt der Blick auf die besten Umsatzrenditen. Sieht man von den Spezialfällen Tchibo, Deutsche BP und E.ON ab, so ist unter den Top 25-Unternehmen nur ein Unternehmen aus den Top Ten- Umsatzriesen dabei: BMW mit einer Rendite von 4,8% auf Platz 18. Die besten Branchen sind nach wie vor die Chemie/Pharma-Branche (Schering, Altana, Aventis, Boehringer, Beiersdorf, BASF, Celanese) und die Energiewirtschaft (Vattenfall, envia, Ruhrgas). Sehr gut gearbeitet haben Buderus (12,8%), Porsche (+9,5%, Südzucker (7,2%) und Fielmann (6,8%).

Was wird das Jahr 2003 bringen? Die Meinung der Wirtschaftsexperten ergibt wie immer kein einheitliches Bild. Einig ist man sich lediglich darin, daß wir die Talsohle erreicht haben. Wann wir sie allerdings wieder verlassen, das ist die Frage. Die letzten Quartals- und Halbjahresberichte geben aber doch Anlaß zu vorsichtigem Optimismus.

Verlag und Redaktion »DIE GROSSEN 500«

Redaktionsschluß: 31. Juli 2003.

Inhaltsverzeichnis

Die Unternehmen von A – Z

IMOSH/TECHNIK

~~2/72~~ 2593936

BAYER A BAYER

Renate WETZEL

6214

3062827

I

N

27.5 ✓

checked arrived :-

Bayer Industry Services GmbH co OHG

OEF-NBA/Veranstaltungsservice

Frau WETZEL

Gebäude Q 26, 51368 LEVERKUSEN

Herr Hahn – Friendly

Actebis Holding GmbH

59484 Soest
Lange Wende 43
<59491> Postfach 11 03

Telefon (0 29 21) 99-0
Telefax (0 29 21) 99-33 99
Internet www.actebis.de

Branche	Computerdistribution	
Umsatz (in Mio. €)	3999 (2001)	3799 (2002)
Beschäftigte	2700 (2001)	2600 (2002)
Gesellschafter	Otto Versand 100%	
Geschäftsführung	Michael Urban (Vors.), Klaus Hellmich, Torben Qvist	
Bilanztermin	31.12.	

adidas Salomon AG

91074 Herzogenaurach
Adi-Dassler-Straße 1-2
<91072> Postfach 11 20

Telefon (0 91 32) 84-0
Telefax (0 91 32) 84-22 41
Internet www.adidas.com

Branche	Sportartikel, Textil	
Umsatz (in Mio. €)	6111 (2001)	6523 (2002)
Beschäftigte	13941 (2001)	14000 (2002)
Großaktionäre	Templeton World Fund 5,12%, Christian Tourres 4,9%, Robert Louis Dreyfus 4,9%	
Aufsichtsrat	Vorsitzender Henri Filho	
Vorstand	Herbert Hainer (Vors.), Glenn Bennett, Manfred Ihle, Ross McMullin, Michel Perraudin, Robin Stalker, Erich Stamminger	
Bilanztermin	31.12.	

Agfa-Gevaert Gruppe

51373 Leverkusen
Kaiser-Wilhelm-Allee
<51301> Postfach 10 01 60

Telefon (02 14) 30-1
Telefax (02 14) 30-49 90
Internet www.agfa.com

Branche	Imaging/Bild-Technologie (Fotoindustrie, Grafische Industrie, Medizintechnik, Materialprüfung)	
Umsatz (in Mio. €)	4910 (2001)	4682 (2002)
Beschäftigte	21038 (2001)	19722 (2002)
Großaktionäre	Bayer AG 30%, Gevaert N.V. 25%	
Verwaltungsrat	Vorsitzender Dr. André Leysen	
Vorstand	Dr. Ludo Verhoeven (Vors.), André Bergen, Albert Follens, Jesper Otto Möller	
Bilanztermin	31.12.	

Agilent Technologies Deutschland GmbH

71034 Böblingen
Herrenberger Straße 130

Telefon (0 71 31) 4 64-0
Telefax (0 71 31) 4 64-20 20
Internet www.agilent.com

Branche	Meßtechnik	
Umsatz (in Mio. €)	1759 (2001)	1102 (2002)
Beschäftigte	2750 (2001)	2500 (2002)
Gesellschafter	Hewlett-Packard GmbH	
Aufsichtsrat	Vorsitzender Roberto Favaretto	
Geschäftsführung	Reinhard Hamburger (Vors.), Karlheinz Brüderle, Dr. Hans-Hermann Dietrich, Werner Hüttemann	
Bilanztermin	31.10.	

AGIP Deutschland AG

80331 München
Sonnenstr. 23
<80066> Postfach 33 06 20

Telefon (0 89) 59 07-0
Telefax (0 89) 59 63 03
Internet www.agip.de

Branche	Mineralölhandel	
Umsatz (in Mio. €)	2440 (2001)	2374 (2002)
Beschäftigte	191 (2001)	187 (2002)
Aktionär(e)	Agip Petroli International B.V. 98%, Agip Petroli SpA. 2%	
Aufsichtsrat	Vorsitzender Paolo Tomasi	
Vorstand	Dr. Francesco Antonietti (Vors.), Dr. Gianbattista Decet, Gerolamo Winkler	
Bilanztermin	31.12.	

Airbus Deutschland GmbH

21129 Hamburg
Kreetslaag 10
<21111> Postfach 95 01 29

Telefon (0 40) 74 37-0
Telefax (0 40) 74 37-44 22
Internet www.airbus.com

Branche	Luftfahrtindustrie	
Umsatz (in Mio. €)	3339 (2001)	4589 (2002)
Beschäftigte	15300 (2001)	17200 (2002)
Gesellschafter	DaimlerChrysler AG	
Aufsichtsrat	Vorsitzender Noel Forgeard	
Geschäftsführung	Gerhard Puttfarcken	
Bilanztermin	31.12.	

Alcan Deutschland GmbH

65760 Eschborn
Kölner Straße 8
<65726> Postfach 51 49

Telefon (0 61 96) 4 07-0
Telefax (0 61 96) 4 07-1 45
Internet www.alcan.com

Branche	Aluminiumindustrie	
Umsatz (in Mio. €)	1543 (2001)	1577 (2002)
Beschäftigte	2463 (2001)	2541 (2002)
Gesellschafter	Alcan Aluminium Limited 100%	
Aufsichtsrat	Vorsitzender Chris Bark-Jones	
Geschäftsführung	Dr. Reinhard Fleer, Nikolaus Frhr. von Verschuer	
Bilanztermin	31.12.	

Alcan Holdings Germany GmbH

78221 Singen (Hohentwiel)
Alusingen-Platz 1
<78201> Postfach

Telefon (0 77 31) 80-60
Telefax (0 77 31) 80-32 93
Internet www.alcan.com

Branche	Holding	
Umsatz (in Mio. €)	1224 (2001)	1068 (2002)
Beschäftigte	4865 (2001)	4298 (2002)
Gesellschafter	Alusuisse-Group AG, Zürich 100%	
Aufsichtsrat	Vorsitzender Kurt Wolfensberger	
Geschäftsführung	Dr. Gerd Springe (Vors.), Ivan Gyöngyös, Peter Hutsch, Armin Weinhold	
Bilanztermin	31.12.	

Alcatel SEL AG

70435 Stuttgart
Lorenzstraße 10
<70430> Postfach 40 07 49

Telefon (07 11) 8 21-0
Telefax (07 11) 8 21-11 11
Internet www.alcatel.de

Branche	Elektronik	
Umsatz (in Mio. €)	2403 (2001)	1608 (2002)
Beschäftigte	11170 (2001)	7192 (2002)
Großaktionär	Alcatel n.v. 99%	
Aufsichtsrat	Vorsitzender Michael Oppenhoff	
Vorstand	Andreas Bernhardt (Vors.), Heinrich W. Kreutzer, Jürgen Pösinger, Wolfgang Weik	
Bilanztermin	31.12.	

Aldi-Gruppe*

No answer

45476 Mülheim/Ruhr
Burgstr. 37-39
<45401> Postfach 10 01 53

Telefon (02 08) 99 27-0
Telefax (02 08) 99 27-2 49
Internet www.aldi.com

Branche	Einzelhandel	
Umsatz (in Mio. €)	19079 (2001)	22075 (2002)
Beschäftigte	22000 (2001)	23000 (2002)
Verwaltungsrat	Vorsitzender Theo Albrecht sen. (Nord-Gruppe)	
Bilanztermin	31.12.	

* Aldi-Gruppe: Aldi Einkauf Nord (Essen), Aldi Einkauf Süd (Mülheim)

New name AREVA.

ALSTOM-Gruppe

AREVA

60528 Frankfurt
Lyoner Straße 44-48
<60491> Postfach 71 01 07

Telefon (0 69) 66 32-17 00
Telefax (0 69) 66 32-22 50
Internet www.alstom.com

Branche	Energietechnik, Schienenverkehr	
Umsatz (in Mio. €)	1674 (2001)	2661 (2002)
Beschäftigte	9097 (2001)	10838 (2002)
Gesellschafter	ALSTOM S.A., Paris	
Aufsichtsrat	Vorsitzender Dr. Peter Stehle	
Geschäftsführung	Klaus Linnebach (Vors.), Dr. Karl-Heinz Hubinger, Dipl.-Betriebsw. Hans-Jürgen Jabs, Dipl.-Ing. Wilfried Schroeder	
Bilanztermin	31.3.	

Herr Achim Kreith

MARTINA SCHEFFEL

ALTANA AG

61352 Bad Homburg v.d. Höhe
Seedammweg 55

Telefon (0 61 72) ~~404-0~~ 1712 173
Telefax (0 61 72) 4 04-3 38
Internet www.altana.com

Branche	Chemie, Pharma	
Umsatz (in Mio. €)	2307 (2001)	2609 (2002)
Beschäftigte	9122 (2001)	9854 (2002)
Großaktionär	Susanne Klatten (50,1%)	
Aufsichtsrat	Vorsitzender Justus Mische	
Vorstand	Nikolaus Schweickart (Vors.), Dr. rer. pol. Hermann Küllmer, Dr. Hans-Joachim Lohrisch, Dr. Klaus Oehmichen	
Bilanztermin	31.12.	

HERR SCHEWE.

altana.de

Altana Pharma AG

78467 Konstanz
Byk-Gulden-Straße 2
<78403> Postfach 10 03 10

Telefon (0 75 31) 84-0
Telefax (0 75 31) 84-24 74
Internet www.altana-pharma.com

Branche	Pharma	
Umsatz (in Mio. €)	1591 (2001)	1890 (2002)
Beschäftigte	6867 (2001)	7504 (2002)
Gesellschafter	ALTANA AG 100%	
Aufsichtsrat	Vorsitzender Justus Mische	
Geschäftsführung	Nikolaus Schweickart (Vors.), Prof. Dr. med. Heinz-W. Radtke, Dr. rer. nat. Ulrich Sorger Radtke,	
Bilanztermin	31.12.	

Andreae-Noris Zahn AG (ANZAG)

60486 Frankfurt am Main
Solmsstraße 25
<60443> Postfach 90 10 40

Telefon (0 69) 7 92 03-0
Telefax (0 69) 7 92 03-3 69
Internet www.anzag.de

Branche	Groß- und Einzelhandel (Pharma)	
Umsatz (in Mio. €)	2778 (2001)	2928 (2002)
Beschäftigte	3140 (2001)	3176 (2002)
Aufsichtsrat	Vorsitzender Dr. Jürgen Brink	
Vorstand	Horst Trimborn (Vors.), Bernd Roos	
Bilanztermin	31.08.	

Arcor AG & Co.

65760 Eschborn
Kölner Straße 5

Telefon (0 69) 21 69-0
Telefax (0 69) 21 69-44 44
Internet www.arcor.net

Branche	Telekommunikation	
Umsatz (in Mio. €)	1627 (2001)	1307 (2002)
Beschäftigte	8862 (2001)	4000 (2002)
Großaktionäre	Vodafone plc 74%, Deutsche Bahn AG 18%, Deutsche Bank AG 8%	
Aufsichtsrat	Vorsitzender Klaus Esser	
Vorstand	Harald Stöber (Vors.), Rolf Endregat, Dr. Michael Hann, Hartmut Kremling, Dr. Volker Ruloff, Klaus Thiemann	
Bilanztermin	31.12.	

ARISTON NORD-WEST-RING Schuh-Einkaufsgenossenschaft eG

63533 Mainhausen
Nord-West-Ring-Straße 11

Telefon (0 61 82) 9 28-0
Telefax (0 61 82) 9 28-2 00
Internet www.anwr.de

Branche	Ein- und Verkaufsvereinigungen
Umsatz (in Mio. €)	2493 (2001) 2049 (2002)
Beschäftigte	484 (2001) 472 (2002)
Aufsichtsrat	Vorsitzender Claus Heinrich
Vorstand	Joachim Siebert (Vors.), Harald Neisser, Jens Fischer (nebenamtl.), Rainer Mühlhans (nebenamtl.), Roland Nölscher (nebenamtl.), Thomas Schmelzer
Bilanztermin	31.12.

Asea Brown Boveri AG (ABB)

68140 Mannheim
Gottlieb-Daimler-Straße 8
<68001> Postfach 10 01 64

Telefon (06 21) 43 81-0
Telefax (06 21) 43 81-3 90
Internet www.abb.de

Branche	Elektroindustrie, Energietechnik
Umsatz (in Mio. €)	3047 (2001) 2884 (2002)
Beschäftigte	19577 (2001) 18069 (2002)
Großaktionär	ABB Asea Brown Boveri AG (Schweiz)
Aufsichtsrat	Vorsitzender Jürgen Dormann
Vorstand	Dipl.-Ing. Bernhard Jucker (Vors.), Dipl.-Betriebsw. Heinz-Peter Pfaffenholz, Dipl.-Kfm. Werner Schmelcher, Dr. Joachim Schneider
Bilanztermin	31.12.

ATLANTA-Gruppe

28195 Bremen
Breitenweg 29
<28075> Postfach 10 75 47

Telefon (04 21) 30 92-1
Telefax (04 21) 1 36 17
Internet www.atlanta.de

Branche	Handel
Umsatz (in Mio. €)	1371 (2001) 1360 (2002)
Beschäftigte	1632 (2001) 1624 (2002)
Aufsichtsrat	Vorsitzender Bernd-Artin Wessels
Vorstand	Horst Möhlenbrock (Vors.), Klaus J. Grimberg, Willem C.C. Kokkeel, Robert H.K. Zerres
Bilanztermin	30.9.

Phone Back

Atofina Deutschland GmbH

40474 Düsseldorf
Tersteegenstraße 28
<40001> Postfach 30 01 52

Telefon (02 11) 45 52-0
Telefax (02 11) 50 66 78
Internet www.atofina.de

Branche	Chemie	
Umsatz (in Mio. €)	1502 (2001)	1461 (2002)
Beschäftigte	3531 (2001)	3475 (2002)
Gesellschafter	TotalFinaElf Deutschland GmbH	
Geschäftsführer	Wulf Sauer (Vors.)	
Bilanztermin	31.12.	

Frau Jacob

FRENCH CONNECTION??

AUDI AG

Phone Back

85057 Ingolstadt
Auto Union Straße
<85045> Postfach

anbieten

Telefon (08 41) 89 0
Telefax (08 41) 89-3 25 24
Internet www.audi.com

Branche	Automobilindustrie	
Umsatz (in Mio. €)	22032 (2001)	22603 (2002)
Beschäftigte	51141 (2001)	51198 (2002)
Großaktionär	Volkswagen AG 99,0%	
Aufsichtsrat	Vorsitzender Dr. Bernd Pischetsrieder	
Vorstand	Dr. Martin Winterkorn (Vors.), Dr. Jochem Heizmann, Dr.-Ing. Werner Mischke, Dr. Horst Neumann, Dr. Andreas Schleef, Erich Schmitt, Rupert Stadler, Ralph Weyler	
Bilanztermin	31.12.	

FRAU. ARTIG

Autobahn Tank & Rast Holding GmbH

Phone Back

53175 Bonn
Andreas-Hermes-Straße 7-9
<53141> Postfach 20 11 52

Telefon (02 28) 9 22-0
Telefax (02 28) 9 22-41 10
Internet www.tank.rast.de

Branche	Dienstleistungen	
Umsatz (in Mio. €)	3330 (2001)	3290 (2002)
Beschäftigte	11000 (2001)	12000 (2002)
Beirat	Marc Bamberger (Vors.), Dr. Renate Krümmer, Thomas Püttler	
Geschäftsführung	Karl-Heinz Rolfes (Vors.)	
Bilanztermin	31.12.	

No

FRAU COLUM.

Werbung + ÖFFENTLICHKEIT

PHONE BACK

AVA Allgemeine Handelsgesellschaft der Verbraucher AG

33689 Bielefeld
Fuggerstraße 11
<33661> Postfach 11 01 53

Telefon (0 52 05) 94-01 94 11 71
Telefax (0 52 05) 94-10 29
Internet www.ava.de

Branche	Einzelhandel (SB-Warenhäuser, Kaufhäuser, Bau- und Fachmärkte)	
Umsatz (in Mio. €)	5534 (2001)	4829 (2002)
Beschäftigte	29288 (2001)	29095 (2002)
Großaktionär	Edeka Zentrale AG 49,9%	
Aufsichtsrat	Vorsitzender Prof. Dr. Gerhard Laule	
Vorstand	Helmut Metje (Vors.), Dr. Hubert Metz, Eugen Timmer	
Bilanztermin	31.12.	

HERR DIERMANN

AVA Logistik GmbH*

33689 Bielefeld
Fuggerstraße 11
<33663> Postfach 11 03 54

Telefon (0 52 05) 94-07
Telefax (0 52 05) 94-20 09
Internet www.ava.de

Branche	Handel	
Umsatz (in Mio. €)	1467 (2001)	1332 (2002)
Beschäftigte	1067 (2001)	906 (2002)
Gesellschafter	AVA AG 100%	
Aufsichtsrat	Vorsitzender Eugen Timmer	
Geschäftsführer	Kurt Lindemann, Lothar Pollmann	
Bilanztermin	31.12.	

* ehem. GHD Gesellschaft für Handel mit Verbrauchsgütern und Dienstleistungen mbH

Avacon AG*

NO ANSWER

38350 Helmstedt
Schillerstraße 3
<38345> Postfach

Telefon (0 53 51) 1 23-0
Telefax (0 53 51) 1 23-4 00 19
Internet www.avacon.de

Branche	Energieversorgung	
Umsatz (in Mio. €)	2299 (2001)	2400 (2002)
Beschäftigte	3228 (2001)	3392 (2002)
Großaktionäre	Avacon Beteiligungs-GmbH 54,7%, Kommunale Aktionäre 27,1%, Ferngas Salzgitter 18%	
Aufsichtsrat	Vorsitzender Dr. Hans-Dieter Harig	
Vorstand	Dr. Klaus Deparade (Vors.), Peter Hecker, Dr. Ingo Luge, Dr. Klaus-Dieter Maubach, Jochen Schnoor	

* Fusion der HASTRA AG mit Ferngas Salzgitter GmbH, Landesgasversorgung Niedersachsen AG, EVM AG und Überlandzentrale Helmstedt AG

Aventis Pharma Deutschland GmbH

65926 Frankfurt
Industriepark Hoechst

Telefon (0 69) 30-5-0
Telefax (0 69) 3 05-8 44 18
Internet www.aventis.de

Branche	Pharma	
Umsatz (in Mio. €)	2704 (2001)	2879 (2002)
Beschäftigte	6970 (2001)	7159 (2002)
Aufsichtsrat	Vorsitzender Dr. Dirk Oldenburg	
Geschäftsführung	Roland Ely, Dieter Kohl, Dr. Rudolf Lehnert, Prof. Dr. Günther Wess, Peter Zündorf	
Bilanztermin	31.12.	

No.

AVIA Mineralöl AG

email sent

81675 München
Einsteinstraße 169
<81601> Postfach 80 01 29

Telefon (0 89) 45 50 45-0
Telefax (0 89) 45 50 45-10
Internet www.avia.de

Branche	Mineralölgroßhandel	
Umsatz (in Mio. €)	1004 (2001)	1037 (2002)
Beschäftigte	20 (2001)	20 (2002)
Aktionär	Deutsche AVIA Mineralöl GmbH	
Beirat	Dipl.-Ing. Hans-Georg Pohl (Vors.), Arne Boie, Thomas Braun, Dr. Stephan Elles, Gunnar Pickel, Hans-Günther Schwecke	
Vorstand	Manfred Baumgartner (Vors.)	
Bilanztermin	31.12.	

Frau GRÜNBERGER

Sceptical but friendly

Bartels-Langness Handels-GmbH

24116 Kiel
Alte Weide 7-13
<24012> Postfach 13 48

Telefon (04 31) 16 96-0
Telefax (04 31) 16 96-1 20
Internet www.bela.de

Branche	Verbrauchermärkte	
Umsatz (in Mio. €)	1737 (2001)	1853 (2002)
Beschäftigte	8800 (2001)	8900 (2002)
Geschäftsführung	Fritz Langness (Vors.), Dr. Hermann Langness, Jochen Lahrtz, Georg Schuchmann	
Bilanztermin	31.12.	

FAMILA HANDELSMARKT GmbH + Co. KG
z H Frau VOSZ

ross@bela.de

Basell Polyolefine GmbH

77694 Kehl
Am Yachthafen 2

Telefon (0 78 51) 9 35-0
Telefax (0 78 51) 9 35-2 00

Branche	Chemie	
Umsatz (in Mio. €)	2326 (2001)	1953 (2002)
Beschäftigte	2769 (2001)	2920 (2002)
Gesellschafter	BASF AG 50%, Deutsche Shell AG 50%	
Aufsichtsrat	Vorsitzender Rolf Richter	
Geschäftsführung	Manfred Dressel (Vors.), Dr. Thomas Brunn	
Bilanztermin	31.12.	

BASF AG

67063 Ludwigshafen
Carl-Bosch-Straße 38
<67056> Postfach

Telefon (06 21) 60-0
Telefax (06 21) 60-4 25 25
Internet www.basf.de

Branche	Chemie, Pharma	
Umsatz (in Mio. €)	32499 (2001)	32215 (2002)
Beschäftigte	92545 (2001)	89389 (2002)
Aufsichtsrat	Vorsitzender Prof. Dr.-Ing. E.h. Berthold Leibinger	
Vorstand	Dr. rer. nat. Jürgen Hambrecht (Vors.), Dr. John Feldmann, Knut Henneke, Max Dietrich Kley, Andreas Kreimeyer, Klaus Peter Löbbe, Dr. rer. nat. Stefan Marcinowski, Peter Oakley, Eggert Voscherau	
Bilanztermin	31.12.	

Heinrich Bauer Verlag

20097 Hamburg
Burchardstraße 11

Telefon (0 40) 30 19-0
Telefax (0 40) 33 51 32
Internet www.hbv.de

Branche	Medien	
Umsatz (in Mio. €)	1752 (2001)	1781 (2002)
Beschäftigte	6288 (2001)	6575 (2002)
Eigentümer	Heinz H. Bauer 96%	
Geschäftsführung	Axel Bogozc, Manfred Braun, Günter Sell, Konrad Wiederholz	
Bilanztermin	31.12.	

BAUHAUS Regional GmbH & Co. KG

68167 Mannheim
Gutenbergstraße 21

Telefon (06 21) 39 05-0
Telefax (06 21) 37 32 90
Internet www.bauhaus-ag.de

Branche	Baumarkt	
Umsatz (in Mio. €)	2270 (2001)	2400 (2002)
Beschäftigte	7500 (2001)	7800 (2002)
Gesellschafter	Interbauhaus AG, Zürich	
Geschäftsführung	Stefan Wolsiffer (Vors.), Bernd Baus, Dieter Bien, Manfred Kummetz	
Bilanztermin	31.12.	

BAYER AG

51368 Leverkusen
Bayerwerk

Telefon (02 14) 30-1
Telefax (02 14) 30-6 63 28
Internet www.bayer.com

Branche	Chemie, Pharma	
Umsatz (in Mio. €)	30275 (2001)	29624 (2002)
Beschäftigte	116900 (2001)	122600 (2002)
Aufsichtsrat	Vorsitzender Dr. Manfred Schneider	
Vorstand	Werner Wenning (Vors.), Klaus Kuhn, Dr. Frank Morich, Dr. Udo Oels, Dr. Richard Pott	
Bilanztermin	31.12.	

Bayerische Motoren Werke AG (BMW)

80809 München
Petuelring 130
<80788> Postfach

Telefon (0 89) 38 95-0
Telefax (0 89) 38 95-58 58
Internet www.bmw.com

Branche	Automobilindustrie	
Umsatz (in Mio. €)	38462 (2001)	42281 (2002)
Beschäftigte	97275 (2001)	103020 (2002)
Großaktionäre	Familie Dr. Herbert Quandt 46,6%, Allianz AG 6,52	
Aufsichtsrat	Vorsitzender Volker Doppelfeld	
Vorstand	Dr. Helmut Panke (Vors.), Ernst Baumann, Dr. Michael Ganal, Dr. Burkhard Göschel, Stefan Krause, Günter Lorenz, Dr. Norbert Reithofer	
Bilanztermin	31.12.	

Bayerngas GmbH

80336 München
Poccistraße 9
<80005> Postfach 20 02 29

Telefon (0 89) 72 00-0
Telefax (0 89) 72 00-4 22
Internet www.bayerngas.de

Branche	Energieversorgung	
Umsatz (in Mio. €)	1306 (2001)	1120 (2002)
Beschäftigte	127 (2001)	125 (2002)
Aufsichtsrat	Vorsitzender Dr. Kurt Mühlhäuser	
Geschäftsführer	Dipl.-Ing. Volker Etzbach, Dr. Ulrich Mössner	
Bilanztermin	31.12.	

BayWa AG München

81925 München
Arabellastraße 4
<81901> Postfach 81 01 08

Telefon (0 89) 92 22-0
Telefax (0 89) 92 22-34 48
Internet www.baywa.de

Branche	Groß- und Einzelhandel (landwirtschaftliche Erzeugnisse), Dienstleistungen	
Umsatz (in Mio. €)	5251 (2001)	5349 (2002)
Beschäftigte	11017 (2001)	15712 (2002)
Großaktionär	Bayer. Raiffeisen-Genossenschaften (überwiegend)	
Aufsichtsrat	Vorsitzender Manfred Nüssel	
Vorstand	Wolfgang Deml (Vors.), Dr. Karl Braunhofer, Frank Hurtmanns, Karl Nigl, Ralf Trager	
Bilanztermin	31.12.	

BBDO Düsseldorf GmbH

40212 Düsseldorf
Königsallee 92
<40001> Postfach 10 10 52

Telefon (02 11) 13 79-0
Telefax (02 11) 13 79-6 21
Internet www.bbdo.de

Branche	Werbung, Kommunikation	
Umsatz (in Mio. €)	2007 (2001)	2099 (2002)
Beschäftigte	3272 (2001)	3600 (2002)
Geschäftsführung	Wilfried Huth (Vors.), Helmut Andreas Hartwig, Udo Klein-Bölting, André Kemper, Hubertus von Lobenstein, Ralf G. Neumann, Michael Raum, Dr. Rainer Zimmermann (bis 31.3.2004)	
Bilanztermin	31.12.	

BEB Erdgas und Erdöl GmbH

30659 Hannover
Riethorst 12
<30633> Postfach 51 03 60

Telefon (05 11) 6 41-0
Telefax (05 11) 6 41-10 05
Internet www.beb.de

Branche	Erdöl, Erdgas	
Umsatz (in Mio. €)	2459 (2001)	2067 (2002)
Beschäftigte	1276 (2001)	373 (2002)
Gesellschafter	Deutsche Shell AG, Hamburg 50%,Esso AG, Hamburg 50%	
Aufsichtsrat	Vorsitzender Pieter Berkhout	
Geschäftsführung	Gernot Kalkoffen (Vors.), Hartmut Putze, Dr. Kurt M. Reinicke	
Bilanztermin	31.12.	

Behr GmbH & Co.

70469 Stuttgart
Mauserstraße 3
<70449> Postfach 30 09 20

Telefon (07 11) 8 96-0
Telefax (07 11) 8 96-40 00
Internet www.behrgroup.com

Branche	KfZ-Zulieferindustrie, Heizungs-und Klimatechnik	
Umsatz (in Mio. €)	2248 (2001)	2813 (2002)
Beschäftigte	13806 (2001)	16200 (2002)
Aufsichtsrat	Vorsitzender Dr. Walther Zügel	
Geschäftsführung	Dr.-Ing. Markus Flik (Vors.), Dipl.-Wirtsch.-Ing. Hans-Joachim Lange, Dipl.-Kfm. Wolfgang Schäfer, Klemens Schmiederer, Andreas Thumm	
Bilanztermin	31.12.	

Beiersdorf AG

20253 Hamburg
Unnastraße 48
<20245> Postfach

Telefon (0 40) 5 69-0
Telefax (0 40) 5 69-34 34
Internet www.beiersdorf.com

Branche	Chemie	
Umsatz (in Mio. €)	4541 (2001)	4742 (2002)
Beschäftigte	17749 (2001)	18183 (2002)
Großaktionäre	Allianz AG Holding 43,60%, Tchibo-Holding AG 30%	
Aufsichtsrat	Vorsitzender Dr. Hans Meinhardt	
Vorstand	Dr. Rolf Kunisch (Vors.), Peter Kleinschmidt, Thomas-Bernd Quaas, Dr. Peter Schäfer, Rolf-Dieter Schwalb, Dieter W. Steinmeyer, Uwe Wölfer	
Bilanztermin	31.12.	

Benteler-Gruppe

33104 Paderborn
Residenzstr. 1
<33043> Postfach 13 40

Telefon (0 52 54) 81-0
Telefax (0 52 54) 1 36 66
Internet www.benteler.de

Branche	Holding	
Umsatz (in Mio. €)	2972 (2001)	3287 (2002)
Beschäftigte	17427 (2001)	17378 (2002)
Gesellschafter	Dipl.-Ing. Erich Benteler GmbH, Dr.-Ing. E.h. Helmut Benteler GmbH jeweils über 25%	
Aufsichtsrat	Vorsitzender Robert J. Koehler	
Vorstand	Dipl.-Ing. Hubert Benteler (Vors.), Ulf Kattenstroth, Dipl.-Kfm. Siegmund Werk	
Bilanztermin	31.12.	

No

Berlinwasser Holding AG

10179 Berlin
Neue Jüdenstraße 1

Telefon (0 30) 8 14 68-0
Telefax (0 30) 8 14 68-2 99
Internet www.berlinwasser.de

Branche	Holding	
Umsatz (in Mio. €)	1101 (2001)	1112 (2002)
Beschäftigte	6827 (2001)	6506 (2002)
Großaktionär	RWE/Vivendi	
Aufsichtsrat	Vorsitzender Prof. Dr. Rolf-Dieter Leister	
Vorstand	Frank Bruckmann (Vors.), Ludwig Pawlowski, Norbert Schmidt, Jörg Simon	
Bilanztermin	31.12.	

Phone back.

Bertelsmann AG

33335 Gütersloh
Carl-Bertelsmann-Straße 270
<33311> Postfach 1 11

Telefon (0 52 41) 80-0
Telefax (0 52 41) 80-66 70
Internet www.bertelsmann.de

Branche	Medien	
Umsatz (in Mio. €)	20035 (2001)	18311 (2002)
Beschäftigte	82162 (2001)	80632 (2002)
Großaktionäre	Bertelsmann-Stiftung 68,8%, Familie Mohn 17,9%, Dr. Gerd Bucerius 10,7%, Reinhard Mohn 2,6%	
Aufsichtsrat	Vorsitzender Gerd Schulte-Hillen	
Vorstand	Prof. Dr. Gunter Thielen (Vors.), Dr. Siegfried Luther, Peter Olson, Hartmut Ostrowski (stellv.), Rolf Schmidt-Holtz	
Bilanztermin	30.06.	

sonja.grossjohann@bertelsmann.de

Bertelsmann Arvato AG

33332 Gütersloh
Carl-Bertelsmann-Straße 161

Telefon (0 52 41) 80-0
Telefax (0 52 41) 80-33 15
Internet www.arvato.com

Branche	Medien	
Umsatz (in Mio. €)	3520 (2001)	3668 (2002)
Beschäftigte	28862 (2001)	31174 (2002)
Alleinaktionär	Bertelsmann AG	
Aufsichtsrat	Vorsitzender Prof. Dr. Günter Thielen	
Vorstand	Hartmut Ostrowski (Vors.), Frank Dietrich Bargsten, Rolf Buch, Dr. Hans-Joachim Herzog, Stephan Krauss, Günter Wilmsmeier	
Bilanztermin	31.12.	

Bewag Aktiengesellschaft*

PHONEBACK 10443

12435 Berlin
Puschkinallee 52
<12432> Postfach

Telefon (0 30) 2 67-0
Telefax (0 30) 2 67-1 27 27
Internet www.bewag.de

Branche	Energieversorgung	
Umsatz (in Mio. €)	1979 (2001)	2926 (2002)
Beschäftigte	5299 (2001)	5113 (2002)
Großaktionär	Vattenfall Europe AG	
Aufsichtsrat	Vorsitzender Dr. Klaus Rauscher	
Vorstand	Klaus Pitschke (Vors.), Herbert Strobel, Manfred Wohlers	
Bilanztermin	30.6.	

z.H. Herr Finke
Abt. B-XKG

* Übernahme durch Vattenfall AB

Wilhelm E.H. Biesterfeld GmbH & Co. KG

20095 Hamburg
Ferdinandstraße 41
<20005> Postfach 10 07 44

Telefon (0 40) 3 20 08-0
Telefax (0 40) 3 20 08-3 40
Internet www.biesterfeld.com

Branche	Chemikalienhandel	
Umsatz (in Mio. €)	1099 (2001)	1099 (2002)
Beschäftigte	1300 (2001)	1300 (2002)
Geschäftsführer	Dr. Michael Bohn, Axel Thiele	

send to GESCHAFTSFÜRUNG

Bilfinger Berger AG

68165 Mannheim
Carl-Reiß-Platz 1-5
<68005> Postfach 10 05 62

Telefon (06 21) 4 59-0
Telefax (06 21) 4 59-23 66
Internet www.bilfingerberger.de

Branche	Bauindustrie	
Umsatz (in Mio. €)	4607 (2001)	4911 (2002)
Beschäftigte	43471 (2001)	50277 (2002)
Aktionär	Dresdner Bank AG über 25%	
Aufsichtsrat	Vorsitzender Gert Becker	
Vorstand	Dipl.-Ing. Herbert Bodner (Vors.), Dr. Klaus-Dieter Ehlers, Carlos Möller, Joachim Ott, Hans-Helmut Schetter, Dipl.-Kfm. Dr. rer. pol. Jürgen M. Schneider, Dr. Joachim Ott	
Bilanztermin	31.12.	

Blaue Quellen Mineral-und Heilbrunnen AG

56321 Rhens
Brunnenstraße 2-8

Telefon (0 26 28) 66-0
Telefax (0 26 28) 66-1 81
Internet www.nestlé.de

Branche	Getränkeindustrie	
Umsatz (in Mio. €)	1103 (2001)	1181 (2002)
Beschäftigte	2748 (2001)	2550 (2002)
Gesellschafter	Nestlé AG, Schweiz	
Aufsichtsrat	Vorsitzender Robert Raeber	
Vorstand	Dr. Wolfgang W. Pasewald (Vors.), Bodo Abt, Dr. Hans-Achim Daschmann, Egon Heckmann, Matthias Riehle	
Bilanztermin	31.12.	

Blaupunkt-Werke GmbH

31139 Hildesheim
Robert-Bosch-Straße 200
<31132> Postfach 77 77 77

Telefon (0 51 21) 49-0
Telefax (0 51 21) 49-41 54
Internet www.blaupunkt.de

Branche	Elektroindustrie, KfZ-Zulieferindustrie	
Umsatz (in Mio. €)	1065 (2001)	1009 (2002)
Beschäftigte	2800 (2001)	2800 (2002)
Gesellschafter	Robert Bosch GmbH	
Aufsichtsrat	Vorsitzender Stephan Rojahn	
Geschäftsführung	Wolfgang Malchow (Vors.), Klaus Dieterich, Dr. Otto Mayer, Wolf-Henning Schneider	
Bilanztermin	31.12.	

BOEHRINGER INGELHEIM Unternehmensverband

55218 Ingelheim
Binger Straße
<55216> Postfach 2 00

Telefon (0 61 32) 77-0
Telefax (0 61 32) 77-30 00
Internet www.boehringer-ingelheim.com

Branche	Chemie, Pharma
Umsatz (in Mio. €)	6693 (2001) 7579 (2002)
Beschäftigte	27980 (2001) 28000 (2002)
Eigentümer	Familien Boehringer und von Baumbach 100%
Gesellschafterausschuß	Dr. Heribert Johann (Vors.), Albert Boehringer, Christian Boehringer, Dr. Mathias Boehringer, Christoph Boehringer, Friedrich von Baumbach, Hubertus von Baumbach
Unternehmensleitung	Prof. Dr. Rolf Krebs (Vors.), Dr. Alessandro Banchi, Dr. Dr. Andreas Barner, Dr. Hans-Jürgen Leuchs, Prof. Dr. Marbod Muff
Bilanztermin	31.12.

VERANSTALTUNGSMANAGEMENT.
SARA HILDENBRANDT.

Robert Bosch GmbH

70839 Gerlingen-Schillerhöhe
Robert-Bosch-Platz 1
<70049> Postfach 10 60 50

Telefon (07 11) 8 11-0
Telefax (07 11) 8 11-66 30
Internet www.bosch.com

Branche	Elektro, Elektronik, Feinmechanik
Umsatz (in Mio. €)	34029 (2001) 34976 (2002)
Beschäftigte	218377 (2001) 225897 (2002)
Gesellschafter	Robert Bosch Stiftung GmbH 92%, Familie Bosch 8%
Aufsichtsrat	Vorsitzender Dr.-Ing. Hermann Scholl
Geschäftsführung	Franz Fehrenbach (Vors.), Bernd Bohr, Wolfgang Chur, Dr. rer. nat. Siegfried Dais, Wolfgang Drees, Gerhard Kümmel, Kurt Liedtke, Dr. Wolfgang Malchow (ab1.1.2004), Peter Marks, Gerhard Romberg, Tilman Todenhöfer (bis 31.12.2003)
Bilanztermin	31.12.

BVP:- FRAU HEIN.

Bosch Rexroth GmbH

97816 Lohr
Jahnstraße 3-5
<97803> Postfach 3 40

Telefon (0 93 52) 18-0
Telefax (0 93 52) 18-39 72
Internet www.rexroth.com

Branche	Antriebs-, Steuerungs- und Regelungstechnik	
Umsatz (in Mio. €)	3862 (2001)	3624 (2002)
Beschäftigte	25811 (2001)	25500 (2002)
Gesellschafter	Robert Bosch GmbH	
Aufsichtsrat	Vorsitzender Dr. Klaus Esser	
Geschäftsführung	Winfried Witte (Vors.), Manfred Grundke, Georg Hanen, Dr. rer.pol. Albert Hieronimus, Mehmet Varlik	
Bilanztermin	31.12.	

Hugo Boss Aktiengesellschaft

72555 Metzingen
Dieselstraße 12
<72543> Postfach 12 52

Telefon (0 71 23) 94-0
Telefax (0 71 23) 94-20 14
Internet www.hugoboss.com

Branche	Textil	
Umsatz (in Mio. €)	1095 (2001)	1093 (2002)
Beschäftigte	4240 (2001)	4754 (2002)
Großaktionär	Marzotto S.p.A. 78,8%	
Aufsichtsrat	Vorsitzender Dr. Guiseppe Vita	
Vorstand	Dr. Bruno E. Sälzer (Vors.), Dr. Werner Lackas, Jörg-Viggo Müller, Lothar Reiff	
Bilanztermin	31.12.	

Braun GmbH

61476 Kronberg/Taunus
Frankfurter Straße 145
<61466> Postfach 11 20

Telefon (0 61 73) 30-0
Telefax (0 61 73) 30-28 75
Internet www.braun.com

Branche	Elektronik	
Umsatz (in Mio. €)	1356 (2001)	1502 (2002)
Beschäftigte	4950 (2001)	4761 (2002)
Großaktionär	The Gillette Company, über Gillette Beteiligungs GmbH 99,98%	
Aufsichtsrat	Vorsitzender Edward DeGraan	
Geschäftsführung	Bernhard Wild (Vors.), Thomas Pfeffer, Robert Straskulic	
Bilanztermin	30.9.	

48 11

B. Braun Melsungen AG

34212 Melsungen
Carl-Braun-Str. 1
<34209> Postfach 11 20

Telefon (0 56 61) 71-0
Telefax (0 56 61) 71-15 51
Internet www.bbraun.de

Branche	Chemie, Pharma	
Umsatz (in Mio. €)	2639 (2001)	2747 (2002)
Beschäftigte	27724 (2001)	28765 (2002)
Aktionär	Familiengruppe Braun 100%	
Aufsichtsrat	Vorsitzender Justus Mische	
Vorstand	Dr. h.c. Ludwig Georg Braun (Vors.), Dr. rer. nat. Wolfgang Feller, Klaus Hofer, Dr. Meinrad Lugan, Caroll H. Neubauer, Harald Niemann, Prof. Dr. Dr. Michael Ungethüm, Dr. Martin Zügel	
Bilanztermin	30.9.	

HERR SCHMIDT.

Jos. Friedr. Bremke & Hoerster GmbH & Co.

59757 Arnsberg
Wiebelsheidestraße 51
<59703> Postfach 13 30

Telefon (0 29 32) 9 54-0
Telefax (0 29 32) 9 54-2 99
Internet www.bremke-hoerster.de

Branche	Lebensmittelgroßhandel	
Umsatz (in Mio. €)*	1052 (2001)	1054 (2002)
Beschäftigte*	7000 (2001)	7000 (2002)
Geschäftsführung	Friedrich Bremke, Andreas Bremke, Uwe Körber	
Bilanztermin	30.6.	

* alle Angaben geschätzt

Abteilung UK.

SCHENKER AG
ALFREDSTR 81
45130 ESSEN

BRENNTAG AG

45472 Mülheim a.d.R.
Humboldtring 15
<45403> Postfach 10 03 52

Telefon (02 08) 4 94-0
Telefax (02 08) 4 94-6 98
Internet www.brenntag.de

Branche	Chemie-Distribution	
Umsatz (in Mio. €)	4646 (2001)	4340 (2002)
Beschäftigte	8318 (2001)	8590 (2002)
Alleinaktionär	Stinnes AG	
Beirat	Dr. Wulf H. Bernotat (Vors.), Armin-Peter Bode, Dr. Werner Frohn, Dr. Bernd Malmström, Dagobert Millinghaus, Rients Visser	
Vorstand	Dr. Klaus Engel (Vors.), Jürgen Buchsteiner, Stephen R. Clark, Adrian Hol	
Bilanztermin	31.12.	

PETER Dr. Sauer Urlaub.

Frau MATTHES (contact friendly).

INFO@SCHENKER.COM

British American Tobacco (Germany) GmbH

20354 Hamburg
Alsterufer 4
<20347> Postfach 30 06 60

Telefon (0 40) 41 51-01
Telefax (0 40) 41 51-32 31
Internet www.bat.de

Branche	Nahrungs- und Genußmittel (Zigaretten)	
Umsatz (in Mio. €)	1594 (2001)	1476 (2002)
Beschäftigte	1970 (2001)	1868 (2002)
Gesellschafter	BATIG Gesellschaft für Beteiligungen mbH 100%	
Aufsichtsrat	Vorsitzender Dr. Walter Klosterfelde	
Geschäftsführung	Detlef Zimmermann (Vors.), Heiko Barkemeyer, Johnny Bülow, Reinhard Duda, Dr. Erwin Kausch, Nikolaus Mohr, Dr. Dirk Pangritz, Andrew Schwager,	
Bilanztermin	31.12.	

British American Tobacco (Industrie) GmbH*

20354 Hamburg
Alsterufer 4
<20347> Postfach 30 06 60

Telefon (0 40) 41 51-00
Telefax (0 40) 41 51-32 31
Internet www.bat.de

Branche	Holding	
Umsatz (in Mio. €)	4972 (2001)	1794 (2002)
Beschäftigte	4954 (2001)	4926 (2002)
Gesellschafter	B.A.T Industries plc 100%	
Aufsichtsrat	Vorsitzender Dr. Walter Klosterfelde	
Vorstand	Detlef Zimmermann (Vors.), Dr. Erwin Kausch, Reiner Strecker	
Bilanztermin	31.12.	

* früher: BATIG Gesellschaft für Beteiligungen mbH

Brose Fahrzeugteile GmbH & Co. KG Coburg

96450 Coburg
Ketschendorfer Straße 38-50
<96403> Postfach 13 53

Telefon (0 95 61) 21-0
Telefax (0 96 51) 21-14 29
Internet www.brose.de

Branche	KfZ-Zulieferindustrie	
Umsatz (in Mio. €)	1446 (2001)	1779 (2002)
Beschäftigte	5000 (2001)	7000 (2002)
Kommanditisten	Michael Stoschek, Christine Volkmann	
Geschäftsführung	Michael Stoschek (Vors.), Jürgen Otto, Adolf Rosensprung, Kurt Sauernheimer, Alexander Tietje	
Bilanztermin	31.12.	

BSH BOSCH-SIEMENS HAUSGERÄTE GMBH

81739 München
Carl-Wery-Straße 34
<80076> Postfach 10 02 50

Telefon (0 89) 45 90-01
Telefax (0 89) 45 90-23 47
Internet www.bsh-group.com

Branche	Elektrohausgeräte	
Umsatz (in Mio. €)	6092 (2001)	6288 (2002)
Beschäftigte	35600 (2001)	35700 (2002)
Gesellschafter	Robert Bosch GmbH 50%, Siemens AG 50%	
Aufsichtsrat	Vorsitzender Gotthard Romberg	
Geschäftsführung	Dr. sc. Kurt-Ludwig Gutberlet (Vors.), Dr. sc. pol. Wolfgang Colberg, Dr. jur Wolfgang Dowie, Dr. techn. Robert Kugler	
Bilanztermin	31.12.	

BSL Buna Sow Leuna Olefinverbund GmbH

Telefon (0 34 61) 49-0
Telefax (0 34 61) 49-29 99

<06201> Postfach Merseburg

Branche	Chemie	
Umsatz (in Mio. €)	1352 (2001)	1234 (2002)
Beschäftigte	2271 (2001)	2250 (2002)
Gesellschafter	The Dow Chemical Company 100%	
Aufsichtsrat	Vorsitzender Elmar Deutsch	
Geschäftsführung	Bart J. Groot (Vors.)	
Bilanztermin	31.12.	

Buderus AG*

35576 Wetzlar
Sophienstr. 30-32
<35573> Postfach

Telefon (0 64 41) 4 18-0
Telefax (0 64 41) 4 18-19 01
Internet www.buderus.de

Branche	Heizungs-und Klimatechnik,	
Umsatz (in Mio. €)	1928 (2001)	1860 (2002)
Beschäftigte	9613 (2001)	9575 (2002)
Großaktionäre	Bilfinger + Berger Bau-AG 30,02%, Robert Bosch 17,05%, Commerzbank AG 10,53%, Arnold & Bleichroeder 10,03%	
Aufsichtsrat	Vorsitzender Dipl.-Ing. Herbert Bodner	
Vorstand	Uwe Lüders (Vors.), Dr. Volker Wingefeld	
Bilanztermin	31.12.	

* Umstellung des Geschäftsjahres auf 31.12.

Buderus Heiztechnik GmbH*

35576 Wetzlar
Sophienstraße 30-32
<35522> Postfach

Telefon (0 64 41) 4 18-0
Telefax (0 64 41) 4 56-02
Internet www.heiztechnikbuderus.de

Branche	Heizungs-und Lüftungstechnik	
Umsatz (in Mio. €)	1235 (2001)	1207 (2002)
Beschäftigte	5845 (2001)	5730 (2002)
Gesellschafter	Buderus AG 100%	
Aufsichtsrat	Vorsitzender Dr. Volker Wingefeld	
Geschäftsführung	Uwe Lüders (Vors.), Manfred Becker, Dr. Heinrich-Hermann Schulte, Ulrich Staudinger, Jörn Werner	
Bilanztermin	31.12.	

* Umstellung des Geschäftsjahres auf 31.12.

J. Bünting Handels- und Beteiligungs-AG

26789 Leer
Brunnestraße 37

Telefon (04 91) 8 08-0
Telefax (04 91) 8 08-1 59
Internet www.buenting.de

Branche	Handel	
Umsatz (in Mio. €)	1099 (2001)	1140 (2002)
Beschäftigte	5000 (2001)	6000 (2002)
Aufsichtsrat	Vorsitzender Hellwardt de Boer	
Vorstand	Theodor Loger, Jürgen Vieler	
Bilanztermin	31.12.	

Burda Holding GmbH & Co. KG

77652 Offenburg
Hauptstraße 130
<77602> Postfach 12 30

Telefon (07 81) 84-01
Telefax (07 81) 84-30 64
Internet www.burda.de

Branche	Medien	
Umsatz (in Mio. €)	1395 (2001)	1404 (2002)
Beschäftigte	6717 (2001)	1751 (2002)
Gesellschafter	Dr. Hubert Burda 100%	
Geschäftsführung	Dr. Hubert Burda (Vors.), Dr. Paul-Bernhard Kallen, Helmut Markwort, Prof. Dr. Robert Schweizer, Dr. Jürgen Todenhöfer	
Bilanztermin	31.12.	

C & A Mode & Co.

40211 Düsseldorf
Bleichstraße 20

Telefon (02 11) 1 66-0
Telefax (02 11) 1 66-27 30
Internet www.cunda.de

Branche	Einzelhandel	
Umsatz (in Mio. €)	2382 (2001)	2428 (2002)
Beschäftigte*	3800 (2001)	3600 (2002)
Gesellschafter	Familie Brenninkmeyer	
Geschäftsführung	Dominic Brenninkmeyer, Lukas Brenninkmeyer, Wilhelm Knoke, Reinhard Müller	
Bilanztermin	31.12.	

* Angaben zur Zahl der Mitarbeiter geschätzt

Campina GmbH & Co.

74078 Heilbronn
Wimpfener Straße 125

Telefon (0 71 31) 4 89-0
Telefax (0 71 31) 4 89-3 00
Internet www.campina.de

Branche	Molkereiprodukte	
Umsatz (in Mio. €)	1279 (2001)	1099 (2002)
Beschäftigte	2000 (2001)	2200 (2002)
Gesellschafter	Campina Holding GmbH	
Aufsichtsrat	Vorsitzender Bert Jansen	
Geschäftsführung	Detlef Holst (Vors.)	
Bilanztermin	31.12.	

Cap Gemini Ernst & Young Deutschland GmbH

10623 Berlin
Bleibtreustraße 38

Telefon (0 30) 88 59 42-0
Telefax (0 30) 88 59 42-2 00
Internet www.cgey.com

Branche	IT und Managementberatung	
Umsatz (in Mio. €)	8415 (2001)	7047 (2002)
Beschäftigte	56500 (2001)	52700 (2002)
Gesellschafter	CGIP 12,7%, Serge Kempf 5,2%, Ernst & Young 6,2%	
Geschäftsführung	Antonio Schnieder (Vors.), Dr. Michael Rosada	
Bilanztermin	31.12.	

Celanese AG

61476 Kronberg
Frankfurter Straße 111

Telefon (0 69) 3 05-0
Telefax (0 69) 3 05-1 64 04
Internet www.celanese.com

Branche	Chemie
Umsatz (in Mio. €)	4777 (2001) 4325 (2002)
Beschäftigte	13000 (2001) 10700 (2002)
Aufsichtsrat	Vorsitzender Dr. Günter Metz
Vorstand	Claudio Sonder (Vors.), Andreas Pohlmann, Perry Premdas, David Weidman
Bilanztermin	31.12.

Celanese Chemicals Europe GmbH

60439 Frankfurt
Lurgiallee 14

Telefon (0 69) 3 05-1 33 00
Telefax (0 69) 30 91 79
Internet www.celanese.de

Branche	Chemie
Umsatz (in Mio. €)	1102 (2001) 1012 (2002)
Beschäftigte	1563 (2001) 1447 (2002)
Gesellschafter	Celanese AG 100%
Aufsichtsrat	Vorsitzender Bruce Bennet
Geschäftsführung	Jürgen Vormann (Vors.)
Bilanztermin	31.12.

Celesio AG*

70376 Stuttgart
Neckartalstraße 155

Telefon (07 11) 50 01-00
Telefax (07 11) 50 01-12 60
Internet www.celesio.com

Branche	Großhandel (Pharma)
Umsatz (in Mio. €)	16970 (2001) 18382 (2002)
Beschäftigte	23654 (2001) 24978 (2002)
Großaktionär	Franz Haniel & Cie GmbH 58,4%, AXA Konzern AG 8,6%
Aufsichtsrat	Vorsitzender Günther Hülse
Vorstand	Dr. Fritz Oesterle (Vors.), Jacques Ambonville, Stefan Meister, Michael A. Ward
Bilanztermin	31.12.

* bis 19.5.2003: GEHE AG

CG Nordfleisch Aktiengesellschaft

22761 Hamburg
Albert-Einstein-Ring 5
<22711> Postfach 50 11 20

Telefon (0 40) 8 90 87-0
Telefax (0 40) 8 90 87-3 59
Internet www.nfz.de

Branche	Holding	
Umsatz (in Mio. €)	1741 (2001)	1691 (2002)
Beschäftigte	2976 (2001)	2978 (2002)
Großaktionär	Norddeutscher Genossenschaftsverband Kiel 6%	
Aufsichtsrat	Vorsitzender Wilhelm Niemeyer	
Vorstand	Hanns-Jörg Jacoby (Vors.), Alfons Geerdes (ehrenamtl.), Hans Karstens (ehrenamtl.), Klaus Treiber,	
Bilanztermin	31.12.	

Claas KGaA

33428 Harsewinkel
Münsterstraße 33
<33426> Postfach 11 63

Telefon (0 52 47) 12-0
Telefax (0 52 47) 12-19 26
Internet www.claas.com

Branche	Maschinenbau	
Umsatz (in Mio. €)	1147 (2001)	1265 (2002)
Beschäftigte	5488 (2001)	6114 (2002)
Gesellschafter	Helmut Claas, Günther Claas, Reinhold Claas	
Aufsichtsrat	Vorsitzender Helmut Claas	
Geschäftsführung	Rüdiger Andreas Günther (Vors.), Nikolaus Feil, Dr.-Ing. Hermann Garbers, Lothar Kriszun, Werner Schneider	
Bilanztermin	30.9.	

Clariant GmbH

65483 Sulzbach
Am Unisyspark 1

Telefon (0 61 96) 7 57-88 53
Telefax (0 61 96) 7 57-89 30
Internet www.clariant.com

Branche	Chemie	
Umsatz (in Mio. €)	2274 (2001)	2187 (2002)
Beschäftigte	8313 (2001)	6681 (2002)
Gesellschafter	Clariant AG, Muttenz/Schweiz 100%	
Aufsichtsrat	Vorsitzender Roland Lösser	
Geschäftsführung	Peter Brandenburg (Vors.), Dr. Alexander Klak, Dr. Henri Schlomer	
Bilanztermin	31.12.	

Cobana/Fruchtring-Gruppe

20097 Hamburg
Lippeltstraße 1

Telefon (0 40) 3 03 05-1 00
Telefax (0 40) 3 03 05-2 79
Internet www.cobana.com

Branche	Großhandel	
Umsatz (in Mio. €)	1876 (2001)	1794 (2002)
Beschäftigte	2834 (2001)	3102 (2002)
Aufsichtsrat	Vorsitzender Horst Pieper	
Geschäftsführung	Georg Thede (Vors.), Rüdiger Bargholz, Jürgen Boruszewski,	
Bilanztermin	31.12.	

Coca-Cola Erfrischungsgetränke Aktiengesellschaft

10117 Berlin
Friedrichstraße 68
<10062> Postfach 04 03 67

Telefon (0 30) 92 04-01
Telefax (0 30) 92 04-11 02
Internet www.cceag.de

Branche	Getränkeindustrie	
Umsatz (in Mio. €)	2027 (2001)	1864 (2002)
Beschäftigte	10700 (2001)	9700 (2002)
Großaktionäre	Coca-Cola GmbH 41%, Schörghubergruppe 26%, Beteiligungs-GbR 11% Company	
Aufsichtsrat	Vorsitzender Peter May	
Vorstand	John Guarino (Vors.), Dieter Küst, Jochen Pink, Dr. Frank Rottländer	
Bilanztermin	31.12.	

Coca-Cola GmbH

45136 Essen
Max-Keith-Straße 66
<45116> Postfach 10 07 61

Telefon (02 01) 8 21-01
Telefax (02 01) 8 21-15 10
Internet www.coca-cola-gmbh.de

Branche	Getränkeindustrie	
Umsatz (in Mio. €)	3319 (2001)	3049 (2002)
Beschäftigte	13000 (2001)	13000 (2002)
Gesellschafter	The Coca-Cola Export Corporation 100%	
Aufsichtsrat	Vorsitzender Claus M. Halle	
Geschäftsführung	Götz-Michael Müller (Vors.), Klaus Hillebrand, Detlev Schmitz	
Bilanztermin	31.12.	

Cognis Deutschland GmbH & Co. KG

40589 Düsseldorf
Henkelstraße 67
<40551> Postfach 13 01 64

Telefon (02 21) 79-4 00
Telefax (02 21) 79-8 40 08
Internet www.cognis.com

Branche	Chemie	
Umsatz (in Mio. €)	3133 (2001)	3126 (2002)
Beschäftigte	9081 (2001)	8895 (2002)
Aufsichtsrat	Vorsitzender Dr. Harald Wulff	
Geschäftsführung	Dr. Antonio Trius (Vors.)	
Bilanztermin	31.12.	

CompuNet Computer AG & Co. oHG

81677 München
Hörselbergstraße 7

Telefon (0 89) 4 17 61-0
Telefax (0 89) 4 17 61-4 30
Internet www.compunet.de

Branche	Computertechnik, Datenverarbeitung	
Umsatz (in Mio. €)	1158 (2001)	1170 (2002)
Beschäftigte	3901 (2001)	3920 (2002)
Alleinaktionär	General Electric	
Aufsichtsrat	Vorsitzender Dr. Johannes Meier,	
Vorstand	Kay Schwabedal (Vors.), Hans-Georg Freitag, Dr. Michael Pelzer	
Bilanztermin	30.06.	

ConocoPhillips Continental Holding GmbH

22297 Hamburg
Überseering 27
<22204> Postfach 60 04 29

Telefon (0 40) 6 38 01-0
Telefax (0 40) 6 38 01-4 57
Internet www.jet-tankstellen.de

Branche	Mineralölindustrie	
Umsatz (in Mio. €)	4930 (2001)	2019 (2002)
Beschäftigte	201 (2001)	200 (2002)
Gesellschafter	Conoco Inc., Phillips Petroleum Company	
Geschäftsführung	Mike R. Fretwell (Vors.), Rüdiger Dikty, Michael Gentz	
Bilanztermin	31.12.	

Continental AG

30165 Hannover
Vahrenwalderstr. 9
<30001> Postfach 1 69

Telefon (05 11) 9 38-01
Telefax (05 11) 9 38-8 17 70
Internet www.conti.de

Branche	Reifenindustrie	
Umsatz (in Mio. €)	11233 (2001)	11407 (2002)
Beschäftigte	65293 (2001)	64379 (2002)
Aktionär	Allianz-Gruppe 7,7%	
Aufsichtsrat	Vorsitzender Dr. Hubertus von Grünberg	
Vorstand	Manfred Wennemer (Vors.), Klaus Friedland (bis 31.12.2003), Dr. Alan Hippe, Martien de Louw, Dr. Hans-Joachim Nikolin, Thomas Sattelberger, Dr. Wolfgang Ziebart	
Bilanztermin	31.12.	

CONTI TEMIC Microelectronic GmbH

90411 Nürnberg
Sieboldstraße 19
<90114> Postfach 13 02 65

Telefon (09 11) 95 26-0
Telefax (09 11) 95 26-23 54
Internet www.temic.com

Branche	Automobilelektronik	
Umsatz (in Mio. €)	1120 (2001)	1161 (2002)
Beschäftigte	6030 (2001)	6032 (2002)
Gesellschafter	Continental 100%	
Aufsichtsrat	Vorsitzender Manfred Wennemer	
Geschäftsführung	Karlheinz Butscher (Vors.), Gérard Cordonnier	
Bilanztermin	31.12.	

Thomas Cook AG*

61440 Oberursel
Zimmersmühlenweg 55

Telefon (0 61 07) 65-00
Telefax (0 61 71) 65-21 25
Internet www.thomascookag.com

Branche	Touristik	
Umsatz (in Mio. €)	7882 (2001)	8063 (2002)
Beschäftigte	28388 (2001)	27776 (2002)
Aktionär(e)	Deutsche Lufthansa AG, Karstadt-Quelle AG je 50%	
Aufsichtsrat	Vorsitzender Jürgen Weber	
Geschäftsführung	Stefan Pichler (Vors.), Peter Fankhauser, Norbert Kickum	
Bilanztermin	31.10.	

* ehem. C & N Touristic AG

co op Schleswig-Holstein eG

24148 Kiel
Benzstraße 10
<24124> Postfach 63 29

Telefon (04 31) 72 50-1
Telefax (04 31) 72 50-5 20
Internet www.coop.de

Branche	Groß- und Einzelhandel	
Umsatz (in Mio. €)	1235 (2001)	1349 (2002)
Beschäftigte	9819 (2001)	8000 (2002)
Aufsichtsrat	Vorsitzender Werner Busch	
Vorstand	Winrich Wolke (Vors.), Herbert A. Schoft	
Bilanztermin	31.12.	

Corus Deutschland GmbH*

56070 Koblenz
Carl-Spaeter-Straße 10
<56033> Postfach 10 03 31

Telefon (02 61) 8 91-0
Telefax (02 61) 8 91-6 32

Branche	Holding (Aluminiumindustrie)	
Umsatz (in Mio. €)	1480 (2001)	1374 (2002)
Beschäftigte	4456 (2001)	4345 (2002)
Gesellschafter	Hoogovens Staalverwerkingen Handel B.V.	
Aufsichtsrat	Vorsitzender Drs. Hendrik Vrins	
Geschäftsführung	Gerhard Buddenbaum (Vors.), John A. Dawson, Dr. Werner J. Graf, Eddie Keddeman	
Bilanztermin	31.12.	

* vormals Hoogovens Deutschland GmbH

Dachser GmbH & Co.

87439 Kempten
Memminger Straße 140
<87404> Postfach 14 30

Telefon (08 31) 59 16-0
Telefax (08 31) 59 16-7 77
Internet www.dachser.com

Branche	Transporte, Logistik, Spedition	
Umsatz (in Mio. €)	1799 (2001)	1899 (2002)
Beschäftigte	10800 (2001)	11200 (2002)
Geschäftsführung	Dieter Bendele, Dr. Ingo Bockenhölt, Michael Schilling, Dipl.-Kfm. Bernhard Simon, Dr. Gerd Wecker	
Bilanztermin	31.12.	

DaimlerChrysler AG

70546 Stuttgart
Epplestraße 225

Telefon (07 11) 17-0
Telefax (07 11) 17-9 40 22
Internet www.daimlerchrysler.com

Branche	Automobilindustrie, Automobilelektroinik, Bahnsysteme, Dienstleistungen
Umsatz (in Mio. €)	152873 (2001) 149583 (2002)
Beschäftigte	372470 (2001) 365571 (2002)
Großaktionäre	Deutsche Bank 11,9%, Emirat Kuwait 7,3%
Aufsichtsrat	Vorsitzender Hilmar Kopper
Vorstand	Jürgen E. Schrempp (Vors.), Wolfgang Bernhardt, Dr. rer.pol. Manfred Bischoff (bis 31.12.2003), Dr. Eckhard Cordes, Günther Fleig, Dr. jur. Manfred Gentz, Rüdiger Grube, Jürgen Hubbert, Dr. jur. Klaus Mangold (bis 31.12.2003), Thomas W. Sidlik, Bodo Uebber, Gary C. Valade (bis 31.12.2003), Dr.-Ing. Thomas Weber, Dr.-Ing. Dieter Zetsche
Bilanztermin	31.12.

DaimlerChrysler Services AG

10875 Berlin
Eichhornstraße 3, Potsdamer Platz

Telefon (0 30) 25 54-11 05
Telefax (0 30) 25 54-11 11
Internet www.daimlerchrysler-services.com

Branche	Dienstleistungen
Umsatz (in Mio. €)	16851 (2001) 15699 (2002)
Beschäftigte	9712 (2001) 10521 (2002)
Alleinaktionär	DaimlerChrysler AG
Aufsichtsrat	Vorsitzender Jürgen Schrempp
Vorstand	Dr. jur. Klaus Mangold (Vors.), Jürgen Mohilo, Bodo Uebber, Jürgen Walker
Bilanztermin	31.12.

DaimlerChrysler Services Leasing GmbH

70191 Stuttgart
Nordbahnhofstraße 147
<70028> Postfach 10 32 62

Telefon (07 11) 25 74-01
Telefax (07 11) 25 74-4 50

Branche	KfZ-Leasing	
Umsatz (in Mio. €)	1711 (2001)	1759 (2002)
Beschäftigte*	0 (2001)	0 (2002)
Gesellschafter	DaimlerChrysler Finanz GmbH	
Aufsichtsrat	Vorsitzender Georg Bauer	
Geschäftsführung	Dr. Roland Folz (Vors.), Stefan Engels, Anton Lill, Georg Pottmeyer, Franz Reiner	
Bilanztermin	31.12.	

* Kein eigenes Personal, Abwicklung über Mercedes-Benz Finanz GmbH

Danzas Holding GmbH*

65824 Schwalbach
Am Kronberger Hang 3
<65729> Postfach 54 80

Telefon (0 61 96) 5 67-5 00
Telefax (0 61 96) 5 67-8 00
Internet www.danzas.com

Branche	Transport	
Umsatz (in Mio. €)	2028 (2001)	1799 (2002)
Beschäftigte	3400 (2001)	3400 (2002)
Gesellschafter	Deutsche Post AG 100%	
Geschäftsführung	Stefan Kuhle (Vors.), Peter Wagner	
Bilanztermin	31.12.	

* Teil der Deutsche Post Logistik

DB Cargo Aktiengesellschaft

55116 Mainz
Rheinstraße 2

Telefon (0 61 31) 15-9
Telefax (0 61 31) 15-6 10 95
Internet www.db-cargo.de

Branche	Logistik	
Umsatz (in Mio. €)	3421 (2001)	3258 (2002)
Beschäftigte	29101 (2001)	26155 (2002)
Alleinaktionär	Deutsche Bahn AG	
Aufsichtsrat	Vorsitzender Hartmut Mehdorn	
Vorstand	Dr. Bernd Malmström (Vors.), Birgit Gantz-Rathmann, Dr. Klaus Kremper, Dr. Dieter Lindenblatt, Eduardus Smulders, Wilhelm Wegscheider, Dr. André Zeug	
Bilanztermin	31.12.	

DB Netz Aktiengesellschaft

60486 Frankfurt
Theodor-Heuss-Allee 7

Telefon (0 69) 2 65-3 10 88
Telefax (0 69) 2 65-3 10 90
Internet www.db-netz.de

Branche	Schienennetzbetreiber	
Umsatz (in Mio. €)	3452 (2001)	3402 (2002)
Beschäftigte	53894 (2001)	51918 (2002)
Alleinaktionär	Deutsche Bahn AG	
Aufsichtsrat	Vorsitzender Hartmut Mehdorn,	
Vorstand	Peter Münchschwander (Vors.), Dagmar Haase, Leuthold Lewin, Gerhard Schinner, Christian Oliver Simon	
Bilanztermin	31.12.	

DB Regio Aktiengesellschaft

60326 Frankfurt
Stephenson-Straße 1

Telefon (0 69) 2 65-0
Telefax (0 69) 2 65-75 00
Internet www.bahn.de/dbregio

Branche	Transporte	
Umsatz (in Mio. €)	4696 (2001)	4715 (2002)
Beschäftigte	25564 (2001)	23179 (2002)
Alleinaktionär	Deutsche Bahn AG	
Aufsichtsrat	Vorsitzender Hartmut Mehdorn	
Vorstand	Dr. Christoph Franz (Vors.), Heinrich Brüggemann, Dr. Joachim Trettin, Dr. Armin F. Schwolgin	
Bilanztermin	31.12.	

DB Reise & Touristik Aktiengesellschaft

60326 Frankfurt
Stephenson-Straße 1

Telefon (0 69) 2 65-0
Telefax (0 69) 2 65-75 00
Internet www.bahn.de

Branche	Touristik	
Umsatz (in Mio. €)	3142 (2001)	2915 (2002)
Beschäftigte	19867 (2001)	21737 (2002)
Alleinaktionär	Deutsche Bahn AG	
Aufsichtsrat	Vorsitzender Hartmut Mehdorn	
Vorstand	Dr. Christoph Franz (Vors.), Jens-Uwe Bruysten, Hans G. Koch, Dr. Rolf Kranüchel, Karl-Dietrich Reemtsma	
Bilanztermin	31.12.	

debitel AG

70567 Stuttgart
Schelmenwasenstraße 37-39
<70519> Postfach 81 02 50

Telefon (07 11) 7 21-70 00
Telefax (07 11) 7 21-71 00
Internet www.debitel.com

Branche	Telekommunikation	
Umsatz (in Mio. €)	2515 (2001)	2804 (2002)
Beschäftigte	3352 (2001)	3484 (2002)
Großaktionäre	Swisscom 74%, debis AG 10%, Metro AG 10%	
Aufsichtsrat	Vorsitzender Dipl.-Ing. Jens Alder	
Vorstand	Peter Wagner (Vors.), Friedrich Christandl, Dr. Achim Egner, Dr. Dietrich Gemmel, Dr. Hermann Roemer	
Bilanztermin	31.12.	

Degussa AG

40474 Düsseldorf
Benningsenplatz 1

Telefon (2 11) 6 50 41-0
Telefax (02 11) 6 50 41-5 27
Internet ww.degussa.com

Branche	Spezialchemie	
Umsatz (in Mio. €)	12922 (2001)	11764 (2002)
Beschäftigte	53378 (2001)	47623 (2002)
Großaktionär	E.ON AG 64,56%	
Aufsichtsrat	Vorsitzender Karl Starzacher	
Vorstand	Prof. Dr. Utz-Hellmuth Felcht (Vors.), Dr. Alfred Oberholz, Dr. Thomas Schoeneberg, Heinz-Joachim Wagner	
Bilanztermin	30.9.	

Deichmann Schuhe GmbH & Co. Betriebs KG

45359 Essen
Boehnertweg 9

Telefon (02 01) 86 76-0
Telefax (02 01) 86 76-33
Internet www.deichmann.de

Branche	Schuh-Einzelhandel	
Umsatz (in Mio. €)	1929 (2001)	1950 (2002)
Beschäftigte	20000 (2001)	20000 (2002)
Geschäftsführung	Dr. Heinz-Horst Deichmann (Vors.), Ruth Deichmann, Dipl.-Kfm. Heinrich O. Deichmann, Günter Fischer, Dipl.-Kfm. Werner Grycz, Prof. Dr. Helmut Merkel, Walter Neuroth, Christian Schlesier	
Bilanztermin	31.12.	

Dekra AG

70565 Stuttgart
Schultze-Delitzsch-Straße 49
<70519> Postfach 81 02 07

Telefon (07 11) 78 61-0
Telefax (07 11) 78 61-22 40
Internet www.dekra.de

Branche	Dienstleistungen	
Umsatz (in Mio. €)	964 (2001)	1045 (2002)
Beschäftigte	9905 (2001)	10476 (2002)
Aufsichtsrat	Vorsitzender Prof. Dr.-Ing. Gerhard Zeidler	
Vorstand	Prof. Dr. Uwe Loos (Vors.), Prof. Hans-Ulrich Sachs, Dipl.-Kfm. Klaus Schmidt	
Bilanztermin	31.12.	

DELPHI Deutschland GmbH

42119 Wuppertal
Vorm Eichholz 1
<42354> Postfach 21 04 20

Telefon (02 02) 2 91-0
Telefax (02 02) 2 91-27 77
Internet www.delphiauto.com

Branche	Kfz-Zulieferindustrie	
Umsatz (in Mio. €)	1155 (2001)	1118 (2002)
Beschäftigte	4977 (2001)	4518 (2002)
Gesellschafter	Delphi Automotive Systems Corp. Troy/USA	
Aufsichtsrat	Vorsitzender Dipl.-Ing. Hans-Jürgen Weiser	
Geschäftsführung	Dipl.-Ing. Manfred Diedrich (Vors.), David A. Burgner, Dipl.-Betriebsw. Peter Gajewski, Dipl.-Kfm. Jürgen Rüggeberg	
Bilanztermin	31.12.	

Der Grüne Punkt -Duales System Deutschland AG

51145 Köln
Frankfurter Straße 720-726
<51170> Postfach

Telefon (0 22 03) 9 37-0
Telefax (0 22 03) 9 37-1 90
Internet www.gruener-punkt.de

Branche	Dienstleistungen (Entsorgung)	
Umsatz (in Mio. €)	1878 (2001)	1873 (2002)
Beschäftigte	387 (2001)	396 (2002)
Aufsichtsrat	Vorsitzender Karl-Josef Baum	
Geschäftsführung	Hans-Peter Repnik (Vors.), Diether Buchmann, Manfred Sutter	
Bilanztermin	31.12.	

DERPART Reisevertrieb GmbH

60439 Frankfurt
Emil-von-Behring-Straße 6

Telefon (0 69) 95 88-45 00
Telefax (0 69) 95 88-45 40
Internet www.derpart.de

Branche	Reisebüro	
Umsatz (in Mio. €)	1610 (2001)	1559 (2002)
Beschäftigte	305 (2001)	300 (2002)
Gesellschafter	Deutsches Reisebüro GmbH 50%, 226 Reisebüros	
Aufsichtsrat	Vorsitzender Gerhard Stamm	
Geschäftsführung	Ralph Osken (Vors.), Jürgen Böckler	
Bilanztermin	31.12.	

Deutsche Börse AG

60487 Frankfurt
Neue Börsenstraße 1

Telefon (0 69) 21 01-0
Telefax (0 69) 21 01-20 01
Internet www.deutsche-boerse.com

Branche	Dienstleistungen	
Umsatz (in Mio. €)	759 (2001)	1105 (2002)
Beschäftigte	1085 (2001)	2428 (2002)
Aktionär(e)	Allianz AG 5,0%, Fidelity Management 5,1%	
Aufsichtsrat	Vorsitzender Rolf-E. Breuer	
Vorstand	Werner G. Seifert (Vors.), Yves Baguet, Rudolf Ferscha, Matthias Ganz, Frank Gerstenschläger, Mathias Hlubek, Ulrich Kastner, Michael Kuhn, Christoph Lammersdorf, Gerhard Leßmann, Axel Nawrath, Volker Potthoff, Martin Reck, André Roelants, Jürgen Karl Röthig	
Bilanztermin	31.12.	

Deutsche Sparkassen Leasing AG & Co. KG

61352 Bad Homburg
Frölingstraße 15-31
<61283> Postfach 13 51

Telefon (0 61 72) 88-00
Telefax (06172-2 13 32
Internet www.deutsche-leasing.de

Branche	Leasing	
Umsatz (in Mio. €)	2813 (2001)	3094 (2002)
Beschäftigte	737 (2001)	789 (2002)
Vorstand	Hans-Michael Heitmüller (Vors.), Rüdiger von Fölkersamb, Philippe de Geyter, Friedrich Jüngling	
Bilanztermin	30.9.	

Deutsche Bahn AG

10785 Berlin
Potsdamer Platz 2

Telefon (0 30) 2 97-0
Telefax (030-2 97-6 11 55
Internet www.bahn.de

Branche	Verkehr, Transport	
Umsatz (in Mio. €)	15722 (2001)	18685 (2002)
Beschäftigte	214371 (2001)	250690 (2002)
Aufsichtsrat	Vorsitzender Dr. Michael Frenzel	
Vorstand	Dr. Hartmut Mehdorn (Vors.), Dr. Norbert Bensel, Klaus Daubertshäuser, Christoph Franz, Prof. Dr. Ulf Häusler, Dr. Bernd Malmström, Dr. Karl-Friedrich Rausch, Diethelm Sack	
Bilanztermin	31.12.	

Deutsche BP AG*

22297 Hamburg
Überseering 2
<22203> Postfach 60 03 40

Telefon (0 40) 63 95-0
Telefax (0 40) 63 95-22 24
Internet www.bp.de

Branche	Mineralölindustrie	
Umsatz (in Mio. €)	9703 (2001)	23354 (2002)
Beschäftigte	5265 (2001)	11300 (2002)
Großaktionär	BP Europe Ltd.	
Aufsichtsrat	Vorsitzender Dr. Rolf Stromberg	
Vorstand	Wilhelm Bonse-Geuking (Vors.), Rudy Blyweert, Lutz Feldmann, Hans-Jürgen Fleckhaus, Ronnie Forbes, Dr. Uwe Franke, Thomas Hetmann, Peter Knoedel, Dr. Walter Thünker	
Bilanztermin	31.12.	

* Einbindung von VEBA OEL/Aral in die BP-Gruppe in 2002

Deutsche expert Zentrale (Gruppe)

30855 Langenhagen
Bayernstraße 4
<30837> Postfach 1680

Telefon (05 11) 78 08-0
Telefax (05 11) 78 08-2 53
Internet www.expert.de

Branche	Ein- und Verkaufsvereinigungen	
Umsatz (in Mio. €)	1204 (2001)	1200 (2002)
Beschäftigte	250 (2001)	352 (2002)
Aufsichtsrat	Vorsitzender Dirk Bening	
Vorstand	Heinz Heer (Vors.), Hartmut Merkelbach, Dr. Stefan Müller	
Bilanztermin	31.3.	

Deutsche Leasing (Gruppe)

61352 Bad Homburg v.d.H.
Frölingstraße 15-31
<61283> Postfach 13 51

Telefon (0 61 72) 88-00
Telefax (0 61 72) 2 13 32
Internet www.deutsche-leasing.de

Branche	Leasing	
Umsatz (in Mio. €)	2455 (2001)	2764 (2002)
Beschäftigte	1109 (2001)	1200 (2002)
Großaktionäre	Westdeutsche Landesbank, Bayerische Landesbank	
Aufsichtsrat	Vorsitzender Hans-Peter Krämer	
Vorstand	Hans-Michael Heitmüller (Vors.), Rüdiger von Fökersamb, Franz Schleicher, Dipl.-Volksw. Friedhelm Westebbe	
Bilanztermin	30.9.	

Deutsche Post World Net AG

53175 Bonn
Robert-Schumann-Platz
<53250> Postfach

Telefon (02 28) 1 82-0
Telefax (02 28) 1 82-70 99
Internet www.deutschepost.de

Branche	Post, Transporte	
Umsatz (in Mio. €)	33379 (2001)	39254 (2002)
Beschäftigte	321369 (2001)	371912 (2002)
Großaktionär	Bundesrepublik Deutschland	
Aufsichtsrat	Vorsitzender Josef Hattig	
Vorstand	Dr. Klaus Zumwinkel (Vors.), Uwe Rolf Dörken, Dr. Edgar Ernst, Peter Kruse, Dr. Hans Dieter Petram, Walter Scheurle, Prof. Dr. Wulf von Schimmelmann	
Bilanztermin	31.12.	

Deutscher Möbel-Verbund Handels-GmbH

85777 Fahrenzhausen
Ampertal 8

Telefon (0 81 33) 89-0
Telefax (0 81 33) 89-1 99
Internet www.dmv.de

Branche	Möbel (Verbundgruppe für den Fachhandel)	
Umsatz (in Mio. €)	1544 (2001)	1155 (2002)
Beschäftigte	60 (2001)	70 (2002)
Gesellschafter	Friedrich Eckert, Hubert Hensel, Gerhard Kleemann, Otto Schöpf, Karl Schuster, Klaus Walter	
Geschäftsführung	Hans-Jürgen Schatt	
Bilanztermin	31.12.	

Deutsches Reisebüro GmbH (DER)

60439 Frankfurt
Emil-von-Behring-Str.6
<60424> Postfach

Telefon (0 69) 95 88-0
Telefax (0 69) 95 88-10 10
Internet www.der.de

Branche	Touristik	
Umsatz (in Mio. €)	2439 (2001)	2369 (2002)
Beschäftigte	4200 (2001)	4100 (2002)
Gesellschafter	REWE-Konzern 100%	
Aufsichtsrat	Vorsitzender Dr. Axel Nawrocki	
Geschäftsführung	Peter Landsberger (Vors.), Norbert Fiebig, Gerhard Stamm	
Bilanztermin	31.12.	

Deutsche Telekom AG

53175 Bonn
Godesberger Allee 87-93
<53105> Postfach 20 00

Telefon (02 28) 1 81-0
Telefax (02 28) 1 81-88 72
Internet www.telekom.de

Branche	Telekommunikation	
Umsatz (in Mio. €)	48308 (2001)	53699 (2002)
Beschäftigte	257000 (2001)	256000 (2002)
Großaktionäre	Bundesrepublik Deutschland 30,92%, Kreditanstalt für Wiederaufbau 12,13%	
Aufsichtsrat	Vorsitzender Klaus Zumwinkel	
Vorstand	Kai-Uwe Ricke (Vors.), Josef Brauner, Karl-Gerhard Eick, Thomas Holtrop, Dr. Heinz Klinkhammer, René Obermann	
Bilanztermin	31.12.	

Deutz AG

51057 Köln
Deutz-Mülheimer Straße 147-149
<51005> Postfach 80 05 09

Telefon (02 21) 8 22-0
Telefax (02 21) 8 22-24 55
Internet www.deutz.de

Branche	Maschinenbau	
Umsatz (in Mio. €)	1185 (2001)	1161 (2002)
Beschäftigte	5979 (2001)	5470 (2002)
Großaktionär	Deutsche Bank 25,9%, Same S.p.A. 10,6%, Volvo AB 10,1%	
Aufsichtsrat	Vorsitzender Dr. Michael Endres	
Vorstand	Gordon Riske (Vors.), Dipl.-Ing. Karl Huebser, Helmut Meyer	
Bilanztermin	31.12.	

DHL-Gruppe

40476 Düsseldorf
Kennedydamm 15

Telefon (02 11) 16 92-0
Telefax (02 11) 16 92-4 11
Internet www.danzas.com

Branche	Spedition, Logistik	
Umsatz (in Mio. €)	2028 (2001)	2299 (2002)
Beschäftigte	9400 (2001)	9300 (2002)
Gesellschafter	Deutsche Post World Net AG	
Aufsichtsrat	Vorsitzender Remo Brunschwiler	
Vorstand	Peter Wagner (Vors.)	
Bilanztermin	31.12.	

DHS - Dillinger Hütte Saarstahl AG

66744 Dillingen

<66744> Postfach 11 05

Telefon (0 68 31) 47-0
Telefax (0 68 31) 47-22 12
Internet www.dillinger.de

Branche	Stahlindustrie	
Umsatz (in Mio. €)	1389 (2001)	1221 (2002)
Beschäftigte	6377 (2001)	6260 (2002)
Großaktionäre	Arcelor 51,25%, Saarstahl AG 33,75%, SHS Struktur Holding Stahl 15%	
Aufsichtsrat	Vorsitzender Dr. Klaus Mahrens	
Vorstand	Michel Maulvault (Vors.), Hans-Günter Herfuth, Dr. Karlheinz Blessing	
Bilanztermin	31.12.	

DIEHL Stiftung & Co.

90478 Nürnberg
Stephanstraße 49
<90327> Postfach

Telefon (09 11) 9 47-0
Telefax (09 11) 9 47-34 29
Internet www.diehl.de

Branche	Maschinenbau, Elektronik	
Umsatz (in Mio. €)	1468 (2001)	1430 (2002)
Beschäftigte	10528 (2001)	10600 (2002)
Aufsichtsrat	Vorsitzender Werner Diehl	
Geschäftsführung	Dipl.-Ing. Thomas Diehl (Vors.), Werner Dornisch, Jörg Fischer, Dr. jur. Helmut Keese, Dipl.-Ing. (FH) Dieter Neugebauer (stellv.), Dipl.-Volksw. Rainer Ott, Dipl.-Ing. (FH) Werner Reinl, Dipl.-Ing. Peter Zabel	
Bilanztermin	31.12.	

Aktiengesellschaft der Dillinger Hüttenwerke

66748 Dillingen
Werkstraße 1
<66748> Postfach 15 80

Telefon (0 68 31) 47-0
Telefax (0 68 31) 47-22 12
Internet www.dillinger.de

Branche	Stahlindustrie	
Umsatz (in Mio. €)	1233 (2001)	1120 (2002)
Beschäftigte	4976 (2001)	4800 (2002)
Großaktionär	DHS Dillinger Hütte Saarstahl AG über 50%	
Aufsichtsrat	Vorsitzender Francis Mer	
Vorstand	Michel Maulvault (Vors.), Dr. Norbert Bannenberg, Dr. Karlheinz Blessing, Dr. Harald Cronauer	
Bilanztermin	31.12.	

DKV EURO SERVICE GmbH + Co. KG

40470 Düsseldorf
Vogelsanger Weg 49
<40001> Postfach 10 10 12

Telefon (02 11) 63 92-0
Telefax (02 11) 63 92-1 92
Internet www.dkveuroservice.com

Branche	Dienstleistungen	
Umsatz (in Mio. €)	1605 (2001)	1657 (2002)
Beschäftigte	274 (2001)	285 (2002)
Geschäftsführer	Dr.-Ing. Alexander Hufnagel, Hans-Joachim Maar,	
Bilanztermin	31.12.	

dm-Drogerie Markt GmbH & Co. KG

76185 Karlsruhe
Carl-Metz-Straße 1
<76153> Postfach 21 03 53

Telefon (07 21) 55 92-0
Telefax (07 21) 55 22 13
Internet www.dm-drogerie-markt.de

Branche	Einzelhandel (Drogeriemärkte)	
Umsatz (in Mio. €)	1742 (2001)	2247 (2002)
Beschäftigte	14710 (2001)	19693 (2002)
Kommanditisten	Günther Lehmann 50%, Götz W. Werner 33,71%, dm Drogeriemarkt Werner KG 14,29%	
Geschäftsführung	Götz W. Werner (Vors.), Erich Harsch, Rainer Kloeters, Michael J. Kolodziej, Marco Mescoli, Ulrich Maith, Petra Schäfer, Manfred Stoffel-Kehry, Gerlinde Sulzmaier	
Bilanztermin	30.9.	

Dohle Handelsgruppe

53721 Siegburg
Alte Lohmarer Straße 59
<53719> Postfach

Telefon (0 22 41) 1 22-0
Telefax (0 22 41) 1 22-1 09
Internet www.dohle.de

Branche	Handel	
Umsatz (in Mio. €)	2569 (2001)	2546 (2002)
Beschäftigte	5700 (2001)	5600 (2002)
Gesellschafter	Kurt Dohle, Ralf Dohle, Klaus Dohle	
Beirat	Kurt Dohle (Vors.), Hellwardt de Boer, Gerd Kaiser	
Geschäftsführung	Klaus Dohle (Vors.), Dipl.-Volksw. Horst Hoen, Kunibert Latour, Gerd Müller, Dipl.-Betriebsw. Klaus Müller, Dipl.-Betriebsw. Dieter Vonau	
Bilanztermin	31.12.	

DOUGLAS HOLDING AG

58099 Hagen
Kabeler Straße 4
<58016> Postfach 16 09

Telefon (0 23 31) 6 90-0
Telefax (0 23 31) 6 90-2 71
Internet www.douglas-holding.com

Branche	Einzelhandel, Holding	
Umsatz (in Mio. €)	2189 (2001)	2233 (2002)
Beschäftigte	18698 (2001)	18967 (2002)
Großaktionäre	Konsortium Konsul Herbert Eklöh 35%, Oetker-Gruppe ca. 14,5%	
Aufsichtsrat	Vorsitzender Jörn Kreke	
Vorstand	Dr. Henning Kreke (Vors.), Michael Busch, Jürgen Könnecke, Claus Mingers, Gabriele Stopka	
Bilanztermin	31.12.	

Dow Deutschland Inc.

65824 Schwalbach
Am Kronberger Hang 4
<65727> Postfach 52 64

Telefon (0 61 96) 5 66-0
Telefax (0 61 96) 5 66-4 44
Internet www.dow.com

Branche	Chemie	
Umsatz (in Mio. €)	2367 (2001)	2272 (2002)
Beschäftigte	2472 (2001)	2563 (2002)
Gesellschafter	The Dow Chemical Corp. 100%	
Vorstand	Manfred Aumann, Norbert von Koczian, Joachim Thalacker, Miguel Tufet	
Bilanztermin	31.12.	

Drägerwerk AG

23558 Lübeck
Moislinger Allee 53/55

Telefon (04 51) 8 82-0
Telefax (04 51) 88 23 944
Internet www.draeger.com

Branche	Medizintechnik, Sicherheitstechnik, Luft-und Raumfahrt, Unterwassertechnologie	
Umsatz (in Mio. €)	1256 (2001)	1332 (2002)
Beschäftigte	9535 (2001)	9865 (2002)
Aufsichtsrat	Vorsitzender Prof. Dr. Dieter Feddersen	
Vorstand	Dipl.-Kfm. Theo Dräger (Vors.), Stefan Dräger, Dipl.-Kfm. Ingo Gensch, Prof. Dr. Albert Jugel, Dr. Wolfgang Reim, Hans-Oskar Sulzer	
Bilanztermin	31.12.	

3M Deutschland GmbH

41460 Neuss
Carl-Schurz-Straße 1
<41453> Postfach

Telefon (0 21 31) 14-0
Telefax (0 21 31) 14- 26 49
Internet www.3m.com

Branche	Chemie	
Umsatz (in Mio. €)	1099 (2001)	1099 (2002)
Beschäftigte	3099 (2001)	2811 (2002)
Gesellschafter	Minnesota Mining & Manufacturing Company 100%	
Aufsichtsrat	Vorsitzender Rainer Goldammer	
Geschäftsführung	Kevin K. Kuck (Vors.), Josef Mrozek, Theo Nöcker	
Bilanztermin	31.12.	

DSK Deutsche Steinkohle AG

44623 Herne
Shamrockring 1

Telefon (0 23 23) 15-0
Telefax (0 23 23) 15-33 02
Internet www.deutsche-steinkohle.de

Branche	Bergbau	
Umsatz (in Mio. €)	4997 (2001)	4494 (2002)
Beschäftigte	51612 (2001)	47850 (2002)
Alleinaktionär	RAG AG	
Aufsichtsrat	Vorsitzender Karl Starzacher	
Vorstand	Bernd Tönjes (Vors.)	
Bilanztermin	31.12.	

DÜRR AG

70435 Stuttgart
Otto-Dürr-Straße 19
<70402> Postfach 40 02 60

Telefon (07 11) 1 36-0
Telefax (07 11) 1 36-14 55
Internet www.durr.com

Branche	Holding	
Umsatz (in Mio. €)	2201 (2001)	2081 (2002)
Beschäftigte	12561 (2001)	12620 (2002)
Großaktionär	Familie Dürr 50%, EnBW Energie Baden-Württemberg AG 9,1%	
Aufsichtsrat	Vorsitzender Dr.-Ing. E.h. Heinz Dürr	
Geschäftsführung	Stephan Rojahn (Vors.), Dr. Wolfgang Baur, Dr. Reinhold Grau, Dr. Norbert Klapper	
Bilanztermin	31.12.	

Du Pont de Nemours (Deutschland) GmbH

61352 Bad Homburg
Du Pont Straße 1
<61343> Postfach

Telefon (0 61 72) 87-0
Telefax (0 61 72) 87-15 00
Internet www.dupont.de

Branche	Chemie	
Umsatz (in Mio. €)	1250 (2001)	1159 (2002)
Beschäftigte	2106 (2001)	2031 (2002)
Gesellschafter	E.I. du Pont de Nemours & Co. 100%	
Aufsichtsrat	Vorsitzender Mathew Vrijsen	
Geschäftsführung	Hans-Joachim Juntermanns, John R. Lewis	
Bilanztermin	31.12.	

P. Dussmann AG & Co. KG

10117 Berlin
Friedrichstraße 91-92

Telefon (0 30) 20 25-0
Telefax (0 30) 20 35-11 69
Internet www.dussmann.de

Branche	Dienstleistungen
Umsatz (in Mio. €)	1202 (2001) 1187 (2002)
Beschäftigte	52863 (2001) 50012 (2002)
Aufsichtsrat	Vorsitzender Peter Dussmann
Geschäftsführung	Frank Wössner (Vors.), Dr. Lutz Galonska, Dr. Hans-Jürgen Knauer, Dr.-Ing. Kristian Schleede, Dietmar Struch, Michael Tadday
Bilanztermin	31.12.

DYCKERHOFF AG

65203 Wiesbaden
Biebricher Straße 69
<65012> Postfach 22 47

Telefon (06 11) 6 76-0
Telefax (06 11) 6 76-10 40
Internet www.dyckerhoff.com

Branche	Baustoffe (Zementindustrie)
Umsatz (in Mio. €)	2442 (2001) 1545 (2002)
Beschäftigte	11126 (2001) 9831 (2002)
Großaktionäre	Familiengruppe Dyckerhoff 34%,, Buzzi Unicem 30,09%, E. Schwenk Baustoffwerke KG 12%, Holderfin B.V. 9,96%, R + V Versicherung 3,02%
Aufsichtsrat	Vorsitzender Dr. jur. Jürgen Lose
Vorstand	Dipl.-Kfm. Peter Steiner (Vors.), Dipl.-Wirtsch.-Ing. Wolfgang Bauer, Dipl.-Kfm. Alexander Röntgen
Bilanztermin	31.12.

Dynamit Nobel AG

53839 Troisdorf
Kaiserstr. 1
<53822> Postfach 12 61

Telefon (0 22 41) 89-0
Telefax (0 22 41) 89-15 40
Internet www.dynamit-nobel.com

Branche	Chemie
Umsatz (in Mio. €)	2638 (2001) 2511 (2002)
Beschäftigte	15461 (2001) 13994 (2002)
Großaktionär	mg technologies AG über 50%
Aufsichtsrat	Vorsitzender Dr. Karl-Josef Neukirchen
Vorstand	Jürg Oleas (Vors.), Klaus Edelmann, Dr. Jürgen Faesel, Dr. Wolf-Dieter Griebler, Alexander Loh, Alfred Schulte, Dr. Ulf-W. Zimmermann
Bilanztermin	30.9.

EADS Deutschland GmbH

85521 Ottobrunn
Willy-Messerschmidt-Straße
<81663> Postfach 80 11 09

Telefon (0 89) 6 07-0
Telefax

Branche	Luftfahrtindustrie, Raumfahrttechnologie	
Umsatz (in Mio. €)	30798 (2001)	29900 (2002)
Beschäftigte	110000 (2001)	103967 (2002)
Geschäftsführung	Philippe Camus, Rainer Hertrich	
Bilanztermin	31.12.	

J. Eberspächer GmbH & Co. KG

73730 Esslingen
Eberspächerstraße 24
<73703> Postfach 2 89

Telefon (07 11) 9 39-00
Telefax (07 11)939-06 42
Internet www.eberspaecher.de

Branche	KfZ-Zulieferindustrie	
Umsatz (in Mio. €)	1643 (2001)	1413 (2002)
Beschäftigte	5190 (2001)	5198 (2002)
Beirat	Dipl.-Ing. Helmut Eberspächer (Vors.)	
Geschäftsführung	Dr.-Ing. Günter A. Baumann, Dipl.-Ing. Peter Järkel, Dr. jur. Wolf Münstermann, Dipl.-Kfm. Martin Peters, Dr.-Ing. Leonhard Vilser	
Bilanztermin	31.12.	

ECKES AG

55268 Nieder-Olm
Ludwig-Eckes Allee 6

Telefon (0 61 36) 35-0
Telefax (0 61 36) 35-14 00
Internet www.eckes-ag.de

Branche	Getränkeindustrie	
Umsatz (in Mio. €)	1253 (2001)	1351 (2002)
Beschäftigte	2357 (2001)	2400 (2002)
Aufsichtsrat	Vorsitzender Dr. Lorenz M. Raith	
Vorstand	Peter Thiel (Vors.), Helmut Freigang	
Bilanztermin	31.12.	

Ecolab GmbH & Co. oHG

40589 Düsseldorf
Reisholzer Werftstraße 38-42
<40554> Postfach 13 04 06

Telefon (02 11) 98 93-0
Telefax (02 11) 98 93-3 84
Internet www.ecolab.com

Branche	Chemie	
Umsatz (in Mio. €)	969 (2001)	1040 (2002)
Beschäftigte	4950 (2001)	5942 (2002)
Geschäftsführer	John Spooner (Vors.), Wilhelm Paul Franciscus Marie Bruens, Mark G. Mahal, Jean-Francois Rodriguez, Frank Pohl	
Bilanztermin	30.11.	

EDEKA Handelsgesellschaft Hessenring mbH

34212 Melsungen
Industriegelände Pfieffewiesen
<34201> Postfach 11 65

Telefon (0 56 61) 72-0
Telefax (0 56 61) 72-4 05

Branche	Groß- und Einzelhandel (Lebensmittel)	
Umsatz (in Mio. €)	1467 (2001)	1460 (2002)
Beschäftigte	6200 (2001)	6100 (2002)
Gesellschafter	EDEKA Hessenring eG 50%, EDEKA Zentralhandelsgesellschaft 50%	
Aufsichtsrat	Vorsitzender Hans-Reiner Lock	
Vorstand	Hans-Richard Schneeweiß (Vors.), Hartmut Koch, Friedhelm Kroll, Karl-Heinz Richter, Joachim Schnabel	
Bilanztermin	31.12.	

EDEKA Minden-Hannover eG

32427 Minden
Wittelsbacherallee 61
<32381> Postfach 24 20

Telefon (05 71) 8 02-0
Telefax (05 71) 8 02-5 66
Internet www.minden.edeka.de

Branche	Groß- und Einzelhandel (Lebensmittel)	
Umsatz (in Mio. €)	3808 (2001)	3823 (2002)
Beschäftigte	24947 (2001)	24042 (2002)
Aufsichtsrat	Vorsitzender Carl-Wilhelm Ehlers	
Geschäftsführung	Alfons Frenk (Vors.), Jürgen Maack, Karl Stefan Preuß, Dirk Schlüter, Wolfgang Wucherpfennig	
Bilanztermin	31.12.	

EDEKA Handelsgesellschaft Nordbayern-Sachsen-Thüringen mbH

97228 Rottendorf/Würzburg
Edekastraße 3
<97064> Postfach 54 80

Telefon (0 93 02) 28-0
Telefax (0 93 02) 28-2 14

Branche	Groß- und Einzelhandel (Lebensmittel)
Umsatz (in Mio. €)	2569 (2001) 2959 (2002)
Beschäftigte	14200 (2001) 17300 (2002)
Gesellschafter	Edeka Nordbayern eG 50%, Edeka Zentralhandels-GmbH 50%
Aufsichtsrat	Vorsitzender Horst Trabold
Vorstand	Wolfgang Mahlmeister (Vors.), Georg Dietrich, Edo Günther, Rainer Pabst
Bilanztermin	31.12.

EDEKA Handelsgesellschaft Rhein-Ruhr mbH

47441 Moers
Chemnitzer Str. 24

Telefon (0 28 41) 2 09-0
Telefax (0 28 41) 2 09-4 35

Branche	Groß- und Einzelhandel (Lebensmittel)
Umsatz (in Mio. €)	1830 (2001) 1799 (2002)
Beschäftigte	4379 (2001) 4509 (2002)
Aufsichtsrat	Vorsitzender Theo Kels
Vorstand	Hermann Bienemann, Günter Mülln
Bilanztermin	31.12.

EDEKA Handelsgesellschaft Südbayern GmbH

85080 Gaimersheim
Ingolstädter Straße 120
<85003> Postfach 10 03 59

Telefon (0 84 58) 62-0
Telefax (0 84 58) 62-1 08

Branche	Groß- und Einzelhandel (Lebensmittel)
Umsatz (in Mio. €)	1450 (2001) 1483 (2002)
Beschäftigte	9951 (2001) 9340 (2002)
Aufsichtsrat	Vorsitzender Winfried Schäfer
Geschäftsführung	Hans Georg Maier (Vors.), Rudi Kleiner
Bilanztermin	31.12.

EDEKA Handelsgesellschaft Südwest mbH*

77656 Offenburg
Edekastraße 1
<77603> Postfach 13 60

Telefon (07 81) 5 02-0
Telefax (07 81) 5 91 03

Branche	Groß- und Einzelhandel (Lebensmittel)
Umsatz (in Mio. €)	2310 (2001) 3747 (2002)
Beschäftigte	13900 (2001) 18194 (2002)
Aufsichtsrat	Vorsitzender Jörg Hieber
Vorstand	Hermann Dorfschmid, Rolf Hinderer, Helmut Kohler, Wolfgang Meyer, Ingo Müller, Adolf Scheck
Bilanztermin	31.12.

* Fusion von Edeka Südwest und Edeka Handelsgesellschaft Baden-Württemberg

EDEKA Zentrale AG & Co. KG

22297 Hamburg
New-York-Ring 6
<22291> Postfach

Telefon (0 40) 63 77-0
Telefax (0 40) 63 77-22 31
Internet www.edeka.de

Branche	Groß- und Einzelhandel (Lebensmittel)
Umsatz (in Mio. €)	18572 (2001) 19604 (2002)
Beschäftigte	844 (2001) 900 (2002)
Aufsichtsrat	Vorsitzender Jörg Hieber
Vorstand	Alfons Frenk (Vors.), Helmut Hörz, Dipl.-Vw. Gerhard Peter
Bilanztermin	31.12.

e.dis Energie Nord AG

15517 Fürstenwalde
Langewahler Straße 60

Telefon (0 33 61) 70-0
Telefax (0 33 61) 70-31 05
Internet www.e.dis.energienord.de

Branche	Energieversorgung
Umsatz (in Mio. €)	1272 (2001) 1398 (2002)
Beschäftigte	2489 (2001) 2405 (2002)
Großaktionär	E.ON Energie AG 70%
Aufsichtsrat	Vorsitzender Dr. Johannes Teyssen
Vorstand	Dr. Rainer Peters (Vors.), Bernd Dubberstein, Dipl.-Ing. Hans Hellmuth, Günther Schubert
Bilanztermin	31.12

Einkaufsbüro Deutscher Eisenhändler GmbH

42389 Wuppertal
Dieselstraße 33
<42387> Postfach

Telefon (02 02) 60 96-0
Telefax (02 02) 60 96-6 61
Internet www.ede.de

Branche	Ein- und Verkaufsvereinigungen	
Umsatz (in Mio. €)	2619 (2001)	2071 (2002)
Beschäftigte	676 (2001)	690 (2002)
Geschäftsführung	Dr. Eugen Trautwein (Vors.), Hans-Jürgen Adorf, Dr. Peter Breidenbach, Dr. Herbert Lekebusch, Notker Pape	
Bilanztermin	31.12.	

EK Großeinkauf eG

33605 Bielefeld
Elpke 309
<33595> Postfach

Telefon (05 21) 20 92-0
Telefax (05 21) 20 92-1 66
Internet www.ek-grosseinkauf.de

Branche	Ein- und Verkaufsvereinigungen	
Umsatz (in Mio. €)	1392 (2001)	1341 (2002)
Beschäftigte	875 (2001)	680 (2002)
Aufsichtsrat	Vorsitzender Horst Meisert	
Vorstand	Dipl.-Ing. Franz-Josef Hasebrink (Vors.), Dipl.-Kfm. Jürgen Eversberg, Dr. Jörg-Stefan Knüppel	
Bilanztermin	31.12.	

Elastogran GmbH

49448 Lemförde
Landwehrweg
<49440> Postfach 11 40

Telefon (0 54 43) 12-0
Telefax (0 54 43) 12-22 01
Internet www.elastogran.de

Branche	Chemie	
Umsatz (in Mio. €)	1237 (2001)	1275 (2002)
Beschäftigte	1792 (2001)	1786 (2002)
Gesellschafter	BASF AG 100%	
Aufsichtsrat	Vorsitzender Jean-Pierre Dhanis	
Geschäftsführung	Dr. Helmut Rödder (Vors.), Dr. Reinhard Leppkes	
Bilanztermin	31.12.	

Electrolux Deutschland GmbH

57074 Siegen
In der Steinwiese 16
<57010> Postfach 10 10 51

Telefon (02 71)-6 92-0
Telefax (02 71) 6 92-3 04
Internet www.electrolux.com

Branche	Haushaltsgeräte	
Umsatz (in Mio. €)	1826 (2001)	1490 (2002)
Beschäftigte	7156 (2001)	7500 (2002)
Gesellschafter	AB Electrolux (publ.)	
Aufsichtsrat	Vorsitzender Werner Hofer	
Geschäftsführung	Helmut Sürte (Vors.), Mauro Marcone	
Bilanztermin	31.12.	

Electronic Partner GmbH & Co. KG

40472 Düsseldorf
Mündelheimer Weg 40
<40404> Postfach 30 04 53

Telefon (02 11) 41 56-0
Telefax (02 11) 41 56-3 10
Internet www.electronicpartner.de

Branche	Ein- und Verkaufsvereinigungen	
Umsatz (in Mio. €)	1547 (2001)	1532 (2002)
Beschäftigte	1400 (2001)	1300 (2002)
Aufsichtsrat	Vorsitzender Fred Pahl	
Geschäftsführung	Hartmut Haubrich (Vors.), Oliver Haubrich, Dr. Sven-Olaf Krauß, Eberhard Schneider, Karl Trautmann	
Bilanztermin	31.12.	

EnBW Energie Baden-Württemberg AG

76131 Karlsruhe
Durlacher Allee 93
<76180> Postfach

Telefon (07 21) 63-00
Telefax (07 21) 63-1 27 25
Internet www.enbw.com

Branche	Holding (Energie, Entsorgung, Telekommunikation)	
Umsatz (in Mio. €)	7861 (2001)	8658 (2002)
Beschäftigte	37053 (2001)	38501 (2002)
Großaktionäre	Oberschwäbische Elektrizitätswerke , Electricité de France je 34,50%, Technische Werke der Stadt Stuttgart GmbH 9%	
Aufsichtsrat	Vorsitzender Dr. Wolfgang Schürle	

➡

Vorstand	Prof. Dr. Utz Claassen (Vors.), Dr. Bernhard Beck, Prof. Dr.-Ing. Thomas Hartkopf, Gerhard Jochum, Pierre Lederer, Detlef Schmidt
Bilanztermin	31.12.

envia Energie Sachsen Brandenburg AG

09114 Chemnitz
Chemnitztalstraße 13

Telefon (03 71) 4 82-0
Telefax (03 71) 4 82-29 99
Internet www.envia.de

Branche	Energie- und Wasserversorgung	
Umsatz (in Mio. €)	1158 (2001)	2515 (2002)
Beschäftigte	2691 (2001)	3336 (2002)
Großaktionär	RWE AG	
Aufsichtsrat	Vorsitzender Heinz-Werner Ufer	
Vorstand	Dipl.-Ök. Karl-Heinz Klawunn (Vors.), Dr.-Ing. Friedrich Josef Glatzel, Franz Holtgreve, Dr. Klaus Weinzierl	
Bilanztermin	30.6.	

E.ON AG

40474 Düsseldorf
Bennigsenplatz 1
<40410> Postfach 30 10 51

Telefon (02 11) 45 79-1
Telefax (02 11) 45 79-5 01
Internet www.eon.com

Branche	Energieversorgung, Chemie, Öl, Immobilien, Telekommunikation	
Umsatz (in Mio. €)	37322 (2001)	37058 (2002)
Beschäftigte	151953 (2001)	107856 (2002)
Aktionär(e)	Allianz AG 7,59%, Freistaat Bayern 4,5%	
Aufsichtsrat	Vorsitzender Dr. Klaus Liesen	
Vorstand	Dr. Wulf H. Bernotat (Vors.), Dr. Hans Michael Gaul, Dr. Manfred Krüper, Dr. Erhard Schipporeit	
Bilanztermin	31.12.	

E.ON Bayern AG*

93049 Regensburg
Heinkelstraße 1

Telefon (09 41) 38 39-0
Telefax (09 41) 38 39-25 00
Internet www.eon-bayern.com

Branche	Energieversorgung	
Umsatz (in Mio. €)	2681 (2001)	2382 (2002)
Beschäftigte	1447 (2001)	3513 (2002)
Alleinaktionär	E.ON AG	
Aufsichtsrat	Vorsitzender Dr. Hans-Dieter Harig	
Vorstand	Dr. Peter Deml (Vors.), Dipl.-Kfm. Reimund Gotzel, Dipl.-Ing. Peter Michael Schabert, Dipl.-Kfm. Edith Volz-Holterhus	
Bilanztermin	31.12.	

* Fusion der Isar-Amper-Werke AG mit der Energieversorgung Ostbayern AG (OBAG) und weiterer regionaler Energieversorger in 2001.

E.ON Energie AG

80333 München
Brienner Straße 40
<80005> Postfach 20 05 53

Telefon (0 89) 12 54-1
Telefax (0 89) 12 54-27 88
Internet www.eon-energie.com

Branche	Energieversorgung	
Umsatz (in Mio. €)	17754 (2001)	18584 (2002)
Beschäftigte	39560 (2001)	45394 (2002)
Alleinaktionär	E.ON AG	
Aufsichtsrat	Vorsitzender Ulrich Hartmann	
Vorstand	Dr. Hans-Dieter Harig (Vors.), Dipl.-Ing. Rainer Frank Elsässer, Hartmut Geldmacher, Dr. Walter Hohlefelder, Dr. Berhard Reutersberg, Dr. Johannes Teyssen	
Bilanztermin	31.12.	

EPCOS AG

81541 München
St.-Martin-Straße 53
<81617> Postfach 80 17 09

Telefon (0 89) 6 36-09
Telefax (0 89) 6 36-2 35 49
Internet www.epcos.com

Branche	Elektronik	
Umsatz (in Mio. €)	1905 (2001)	1311 (2002)
Beschäftigte	12993 (2001)	13069 (2002)
Großaktionäre	Siemens AG 12,5%, Matsushita Electronics Europe GmbH 12,5%	
Aufsichtsrat	Vorsitzender Klaus Ziegler	
Vorstand	Gerhard Pegam (Vors.), Dr. Wilfried Backes, Josef Unterlass	
Bilanztermin	30.9.	

E-Plus Mobilfunk GmbH

40468 Düsseldorf
E-Plus Platz
<40403> Postfach 30 03 07

Telefon (02 11) 4 48-0
Telefax (02 11) 4 48-2 22
Internet www.eplus.de

Branche	Mobilfunkdienste	
Umsatz (in Mio. €)	2246 (2001)	1913 (2002)
Beschäftigte	4200 (2001)	2871 (2002)
Gesellschafter	KPN Mobile N.V., 77,5%	
Aufsichtsrat	Vorsitzender Paul Smits	
Geschäftsführung	Uwe Bergheim (Vors.), Thorsten Dirks, Kees Kerremans, Wilko van der Meer	
Bilanztermin	31.12.	

Erdgas-Verkaufs-Gesellschaft mbH

48159 Münster
Anton-Bruchausen-Straße 4
<48014> Postfach 27 20

Telefon (02 51) 28 00-0
Telefax (02 51) 28 00-4 00
Internet www.erdgas.de

Branche	Energieversorgung	
Umsatz (in Mio. €)	1411 (2001)	1291 (2002)
Beschäftigte	72 (2001)	72 (2002)
Gesellschafter	Elwerath Erdgas u. Erdöl GmbH/Mobil Erdgas-Erdöl GmbH je 27,66%, Preussag Energie GmbH 11%,RWE-DEA AG 4,9%	
Aufsichtsrat	Vorsitzender Dipl.-Kfm. Wulf Hagemann	
Geschäftsführung	Dr. Rolf Wohlgemuth	
Bilanztermin	31.12.	

Europa Möbel GmbH & Co. KG

53757 St. Augustin
Siegburger Straße 37

Telefon (0 22 41) 1 64-0
Telefax (0 22 41) 1 64-1 81
Internet www.europa-moebel.de

Branche	Ein- und Verkaufsvereinigungen	
Umsatz (in Mio. €)	1235 (2001)	1116 (2002)
Beschäftigte	6424 (2001)	5904 (2002)
Verwaltungsrat	Vorsitzender Klaus Röper	
Geschäftsführer	Felix Doerr (Vors.)	
Bilanztermin	31.12.	

Europcar GmbH

22415 Hamburg
Tangstedter Landstr. 81

Telefon (0 40) 5 20 18-0
Telefax (0 40) 5 20 18-6 10
Internet www.europcar.de

Branche	Autovermietung	
Umsatz (in Mio. €)	1510 (2001)	1482 (2002)
Beschäftigte	1565 (2001)	1656 (2002)
Gesellschafter	EUROPCAR INTERNATIONAL S.A.	
Aufsichtsrat	Vorsitzender Dr. Michael Kern	
Geschäftsführer	Philippe Guyot (Vors.)	
Bilanztermin	31.12.	

Evobus GmbH

70546 Stuttgart
Vaihinger Straße 13

Telefon (07 11) 17-9 90 04
Telefax (07 11) 17-9 91 51
Internet www.evobus.com

Branche	Fahrzeugindustrie	
Umsatz (in Mio. €)	1988 (2001)	1916 (2002)
Beschäftigte	10370 (2001)	9436 (2002)
Gesellschafter	DaimlerChrysler AG 100%	
Aufsichtsrat	Vorsitzender Dr. Eckhard Cordes	
Geschäftsführung	Wolfgang Diez (Vors.), Richard Averbeck, Harald Landmann, Theodor Maurer, Wolfgang Presinger, Werner Staib	
Bilanztermin	31.12.	

EWE AG*

26122 Oldenburg
Tirpitzstraße 39
<26015> Postfach 25 40

Telefon (04 41) 8 03-0
Telefax (04 41) 8 03-39 99
Internet www.ewe.de

Branche	Energieversorgung	
Umsatz (in Mio. €)	2541 (2001)	2708 (2002)
Beschäftigte	2268 (2001)	3220 (2002)
Großaktionäre	WEE GmbH 59,4%, PreussenElektra AG 27,4%	
Aufsichtsrat	Vorsitzender Günther Boekhoff	
Vorstand	Dr. Werner Brinker (Vors.), Heiko Harms, Axel F.Waschmann	
Bilanztermin	31.12.	

* vormals Energieversorgung Weser-Ems AG

Extra Verbrauchermärkte GmbH

31157 Sarstedt
Am Teinkamp 7

Telefon (0 50 66) 89-0
Telefax (0 50 66) 89-3 68
Internet www.extra-markt.de

Branche	Handel	
Umsatz (in Mio. €)	2999 (2001)	2799 (2002)
Beschäftigte	13600 (2001)	13311 (2002)
Gesellschafter	METRO AG	
Aufsichtsrat	Vorsitzender Wolf-Dietrich Loose	
Geschäftsführung	Roland Neuwald (Vors.), Bernd Mediger, Michael Schneider	
Bilanztermin	31.12.	

ExxonMobil Central Europe Holding GmbH*

22297 Hamburg
Kapstadtring 2
<22285> Postfach

Telefon (0 40) 63 93-0
Telefax (0 40) 63 93-22 11
Internet www.exxonmobil.de

Branche	Mineralölindustrie	
Umsatz (in Mio. €)	12599 (2001)	12300 (2002)
Beschäftigte	2390 (2001)	2560 (2002)
Großaktionär	EXXON MOBIL Corp. 100%	
Aufsichtsrat	Vorsitzender Dr. Uwe Jönck	
Vorstand	Jobst D. Siemer (Vors.), Wingolf R. Lachmann, Steven C. Spancake	
Bilanztermin	31.12.	

* Zusammenschluß von Esso und Mobil Deutschland

FAG Kugelfischer Georg Schäfer AG

97421 Schweinfurt
Georg-Schäfer-Straße 30
<97419> Postfach 12 60

Telefon (0 97 21) 91-0
Telefax (0 97 21) 91-34 35
Internet www.fag.de

Branche	Metallerzeugung und -bearbeitung	
Umsatz (in Mio. €)	2224 (2001)	2259 (2002)
Beschäftigte	18007 (2001)	18000 (2002)
Großaktionär	INA Scheffler Holding KG	
Aufsichtsrat	Vorsitzender Hans Rolf Koerfer	
Vorstand	Dr. Jürgen Geißinger (Vors.), Michael Hankel, John McKloskey, Gerhard Vogel	
Bilanztermin	31.12.	

Fegro-Selgros-Gruppe

63263 Neu-Isenburg
Martin-Behaim-Straße 3
<63237> Postfach 17 55

Telefon (0 61 02) 3 04-0
Telefax (0 61 02) 3 04-1 99
Internet www.fegro-selgros.de

Branche	Großhandel (Lebensmittel)	
Umsatz (in Mio. €)	2219 (2001)	1942 (2002)
Beschäftigte	5500 (2001)	5000 (2002)
Gesellschafter	Otto-Versand 50%, REWE & Co. 50%	
Beirat	Franz Becker (Vors.), Michael Crusemann, Dietrich Heeger, Manfred Herrlein, Friedrich Osterkruger, Helmut Schuga, Manfred Zaepfel	
Geschäftsführung	Rüdiger Strein (Vors.), Rainer Brohl, Horst-Peter Nitz, Holger Schmied	
Bilanztermin	31.12.	

Ferrero OHG GmbH

35260 Stadtallendorf
Rheinstraße 3

Telefon (0 64 28) 79-1
Telefax (0 64 28) 79-1 50
Internet www.ferrero.de

Branche	Nahrungs-und Genußmittel	
Umsatz (in Mio. €)	1377 (2001)	1369 (2002)
Beschäftigte	3200 (2001)	3300 (2002)
Geschäftsführer	Ludwig Koll (Vors.)	
Bilanztermin	31.12.	

Ferrostaal AG

45128 Essen
Hohenzollernstraße 24
<45116> Postfach

Telefon (02 01) 8 18-01
Telefax (02 01) 8 18-28 22
Internet www.ferrostaal.de

Branche	Handel (Stahl und Fertigerzeugnisse)	
Umsatz (in Mio. €)	2855 (2001)	2915 (2002)
Beschäftigte	7230 (2001)	6598 (2002)
Großaktionär	MAN AG 100%	
Aufsichtsrat	Vorsitzender Dr.-Ing. E.h. Rudolf Rupprecht	
Vorstand	Dr. jur. Matthias Mitscherlich (Vors.), Dipl.-Ing. Jens Gesinn, Helmut Julius, Fritz Graf von der Schulenburg, Rainer Schumacher, Dr.-Ing. Axel Wippermann	
Bilanztermin	30.6.	

Fiat Automobil AG

74046 Heilbronn
Salzstraße 140
<74007> Postfach 17 63

Telefon (0 71 31) 10 71
Telefax (0 71 31) 16 24 68
Internet www.fiat.de

Branche	KfZ-Import	
Umsatz (in Mio. €)	2030 (2001)	1515 (2002)
Beschäftigte	306 (2001)	316 (2002)
Großaktionär	Fiat Auto-S.p.a.	
Aufsichtsrat	Vorsitzender Matthias Graf von Krockow	
Vorstand	Klaus Fricke (Vors.), Klaus Bentz, Jörg Briewig, Fabian Krone, Norbert Tschrepp	
Bilanztermin	31.12.	

Fiege Gruppe

48268 Greven
Joan-Joseph-Fiege-Straße 1

Telefon (0 25 71) 9 99-0
Telefax (0 25 71) 9 99-8 88
Internet www.fiege.com

Branche	Transporte, Logistik	
Umsatz (in Mio. €)	1136 (2001)	1250 (2002)
Beschäftigte	11000 (2001)	12500 (2002)
Gesellschafter	Heinz Fiege, Hugo Fiege	
Geschäftsführung	Heinz Fiege, Hugo Fiege (Vors.), Andreas Bühler, Heinz Gräber	
Bilanztermin	31.12.	

Ford-Werke AG

50735 Köln
Henry-Ford Straße 1
<50725> Postfach

Telefon (02 21) 90-0
Telefax (02 21) 90-1 29 84
Internet www.ford.de

Branche	Automobilindustrie	
Umsatz (in Mio. €)	16312 (2001)	15001 (2002)
Beschäftigte	37878 (2001)	37000 (2002)
Großaktionär	Ford Motor Company, Dearborn/USA 99,8%	
Aufsichtsrat	Vorsitzender Albert Caspers	
Vorstand	Bernhard Mattes (Vors.), John Fleming, Dr. jur. Hermann H. Hollmann, Martin Leach, Bernd Rose, Dr. Wolfgang Schneider, Ulrich Schumacher	
Bilanztermin	31.12.	

Fraport AG Frankfurt Airport Services Worldwide

60547 Frankfurt
Flughafen

Telefon (0 69) 6 90-0
Telefax (0 69) 6 90-7 00 81
Internet www.fraport.de

Branche	Flughafen-Betreiber
Umsatz (in Mio. €)	1580 (2001) 1803 (2002)
Beschäftigte	13336 (2001) 21395 (2002)
Großaktionäre	Bund 25,87%, Stadt Frankfurt 28,89%, Land Hessen 45,24%
Aufsichtsrat	Vorsitzender Roland Koch
Vorstand	Dr. jur. Wilhelm Bender (Vors.), Prof. Barbara Jakubeit, Herbert Mai, Peter Schmitz, Manfred Schölch, Stefan Schulte, Bernd L. Struck
Bilanztermin	31.12.

Fresenius AG

61440 Oberursel/Taunus
Borkenberg 14
<61343> Postfach Bad Homburg

Telefon (0 61 71) 6 08-0
Telefax (0 61 71) 6 08-22 94
Internet www.fresenius.de

Branche	Chemie, Pharma
Umsatz (in Mio. €)	7320 (2001) 7506 (2002)
Beschäftigte	60667 (2001) 63638 (2002)
Großaktionäre	Else-Kröner-Fresenius-Stiftung 51,62%, H.O.F. Beteiligungs-GmbH 22,4%
Aufsichtsrat	Vorsitzender Gerd Krick
Vorstand	Ulf Schneider (Vors.), Rainer Baule, Dipl.-Ing. Wolf-Dieter Graeser, Rainer Hohmann, Udo Werlé
Bilanztermin	31.12.

Fresenius Medical Care AG

61346 Bad Homburg

Telefon (0 61 72) 6 09-0
Telefax (0 61 72) 6 09-22 94
Internet www.fmc-ag.com

Branche	Medizintechnik
Umsatz (in Mio. €)	5512 (2001) 4841 (2002)
Beschäftigte	37331 (2001) 39264 (2002)
Großaktionär	Fresenius AG 50,8%
Aufsichtsrat	Vorsitzender Gerd Krick
Vorstand	Dr. Ben J. Lipps (Vors.), Roberto Fusté, Dr. Emanuele Gatti, Dr. Rainer Runte
Bilanztermin	31.12.

Freudenberg-Gruppe

69469 Weinheim
Zwischen Dämmen
<69465)> Postfach 10 03 63

Telefon (0 62 01) 80-1
Telefax (0 62 01) 80-34 30
Internet www.freudenberg.de

Branche	Kunststoffverarbeitende Industrie	
Umsatz (in Mio. €)	4006 (2001)	3918 (2002)
Beschäftigte	27578 (2001)	27093 (2002)
Gesellschafterausschuß	Dr. Reinhart Freudenberg (Vors.), Cornelius von Baeyer, Andreas Freudenberg, Dr. Maria Freudenberg-Beetz, Dr. Wolfram Freudenberg, Dr. Bettina Hahne, Dr. Christoph Schücking, Prof. Dr. Hartmut Weule, Martin Wentzler, Dr. Hermann Wunderlich	
Geschäftsführung	Dr. rer. nat. Dr. jur. Peter Bettermann (Vors.), Dr. jur. Hans-Jochen Hüchting, Dr. rer. nat. Albert Pürzer, Dr. rer. nat. Ernst Schön, Dr.-Ing. Peter Stehle	
Bilanztermin	31.12.	

Freudenberg Dichtungs-und Schwingungstechnik GmbH

69469 Weinheim
Müllheimer Talstraße

Telefon (0 62 01) 80-39 98
Telefax (0 62 01) 80-30 66
Internet www.freudenberg.de

Branche	Kunststoffindustrie	
Umsatz (in Mio. €)	2024 (2001)	2027 (2002)
Beschäftigte	15564 (2001)	15871 (2002)
Gesellschafter	Freudenberg & Co. KG	
Geschäftsführung	Jörg Sost (Vors.)	
Bilanztermin	31.12.	

Emil Frey Gruppe Deutschland

70190 Stuttgart
Cannstatter Straße 46

Telefon (07 11) 28 03 04
Telefax (07 11) 28 03 4711
Internet www.freyservices.de

Branche	Dienstleistungen
Umsatz (in Mio. €)	1810 (2001) 1844 (2002)
Beschäftigte	2811 (2001) 2793 (2002)
Geschäftsführung	Gerhard Schürmann (Vors.), K.-Theodor Hermann
Bilanztermin	31.12.

Elektrotechnischer Großhandel ETG J. Fröschl & Co. GmbH & Co. KG

80336 München
Schwanthalerstraße 29

Telefon (0 89) 59 05-0
Telefax (0 89) 55 42 32
Internet www.etg-froeschl.de

Branche	Groß- und Einzelhandel (Elektrotechnik)
Umsatz (in Mio. €)	1123 (2001) 1120 (2002)
Beschäftigte	3757 (2001) 3500 (2002)
Geschäftsführung	Gert Hügler (Vors.), Hans-Peter Laukin, Michael W. Nimtsch, Claus Ungar
Bilanztermin	31.12.

OTTO FUCHS Metallwerke

58540 Meinerzhagen
Derschlager Straße 26
<58528> Postfach 12 61

Telefon (0 23 54) 73-1
Telefax (0 23 54) 73-2 01
Internet www.otto-fuchs.com

Branche	Metallerzeugung und -bearbeitung
Umsatz (in Mio. €)	1601 (2001) 1749 (2002)
Beschäftigte	7213 (2001) 7810 (2002)
Komplementäre	Dr. Hans Tepohl
Geschäftsführung	Dr. mont. Hans Tepohl (Vors.), Dr. Wolfgang Eckel, Hartmut Kehler, Gerd Kollecker
Bilanztermin	31.12.

Fuchs Petrolub AG

68169 Mannheim
Friesenheimer Str. 17
<68145> Postfach 10 11 62

Telefon (06 21) 38 02-0
Telefax (06 21) 38 02-1 90
Internet www.fuchs-oil.de

Branche	Schmierstoffe	
Umsatz (in Mio. €)	939 (2001)	1065 (2002)
Beschäftigte	3871 (2001)	4081 (2002)
Großaktionär	Familie Fuchs 43,9%	
Aufsichtsrat	Vorsitzender Dr. Bernd H. Müller-Berghoff	
Vorstand	Dr. Manfred Fuchs (Vors. bis 31.12.2003), Dr. Michel Behar, Dipl.-Kfm. Stefan Fuchs (Vors. ab 1.1.2004), Frank Kleinman, Dr. Lutz Lindemann, Dipl.-Ing. Ingo Pauler, Dr. Alexander Selent	
Bilanztermin	31.12.	

FÜR SIE Handelsgenossenschaft eG

50668 Köln
An der Münze 12-18
<50454> Postfach 10 14 41

Telefon (02 21) 1 60 41-0
Telefax (02 21) 1 60 41-80
Internet www.fuer-sie-eg.de

Branche	Inkasso-und Delkrederegenossenschaft	
Umsatz (in Mio. €)	1024 (2001)	1007 (2002)
Beschäftigte	21 (2001)	21 (2002)
Aufsichtsrat	Vorsitzender Gerd Wiltschek	
Vorstand	Gotthard Blassnig, Dr. Klaus Burghard	
Bilanztermin	31.12.	

Fujitsu Siemens Computers Deutschland GmbH

61352 Bad Homburg
Rathausplatz 3-7

Telefon (0 61 72) 1 88-00
Telefax (0 61 72) 1 88-6 34
Internet www.fujitsu-siemens.de

Branche	Computertechnik	
Umsatz (in Mio. €)	5399 (2001)	5339 (2002)
Beschäftigte	7800 (2001)	7400 (2002)
Geschäftsführung	Ulrich Kemp (Vors.), Ludger Siebertz	
Bilanztermin	30.3.	

GARANT SCHUH + MODE AG

40217 Düsseldorf
Elisabethstraße 70
<40001> Postfach 10 10 13

Telefon (02 11) 33 86-01
Telefax (02 11) 33 86-2 97
Internet www.garantschuh.com

Branche	Ein- und Verkaufsvereinigungen	
Umsatz (in Mio. €)	1171 (2001)	1278 (2002)
Beschäftigte	387 (2001)	390 (2002)
Aufsichtsrat	Vorsitzender Prof. Dr. Kurt Merse	
Vorstand	Benno Siebert (Vors.), Ulrich Back, Erika Reinhard	
Bilanztermin	31.12.	

Gasversorgung Süddeutschland GmbH

70565 Stuttgart
Am Wallgraben 135
<70504> Postfach 80 04 09

Telefon (07 11) 78 12-0
Telefax (07 11) 78 12-4 11
Internet www.gvs-erdgas.de

Branche	Energieversorgung	
Umsatz (in Mio. €)	1733 (2001)	1546 (2002)
Beschäftigte	237 (2001)	232 (2002)
Gesellschafter	Technische Werke der Stadt Stuttgart AG, 33,4%, Energie- und Wasserwerke Rhein-Neckar AG, Mannheim 26,25%	
Aufsichtsrat	Vorsitzender Gerhard Widder	
Geschäftsführung	Jürgen Leßner (Vors.), Dr.-Ing. Jörg Burkhardt	
Bilanztermin	30.9.	

GEA Gruppe

44809 Bochum
Dorstener Straße 484
<44708> Postfach 10 08 30

Telefon (02 34) 9 80-0
Telefax (02 34) 9 80-10 87
Internet www.gea-ag.com

Branche	Wärme- und Energietechnik, Luft- und Kältetechnik	
Umsatz (in Mio. €)	2391 (2001)	2380 (2002)
Beschäftigte	13503 (2001)	13500 (2002)
Großaktionär	mg technologies AG	
Aufsichtsrat	Vorsitzender Dr. Karl-Josef Neukirchen	
Vorstand	Dipl.-Ing. Peter Schenk (Vors.), Jan Albers, Nils Graugaard, Dipl.-Kfm. Joachim Janssen, Dipl.-Kfm. Dipl.-Ing. Rolf Schildmann, Georg Silbermann, Ferdinand Steves	
Bilanztermin	30.9.	

GEDELFI Gmbh + Co. KG

50858 Köln
Kirchweg 2
<50879> Postfach 45 04 68

Telefon (02 21) 94 85-0
Telefax (02 21) 94 85-4 59
Internet www.gedelfi.de

Branche	Großhandel	
Umsatz (in Mio. €)	2625 (2001)	2999 (2002)
Beschäftigte	60 (2001)	38 (2002)
Verwaltungsrat	Vorsitzender Horst Neuhaus	
Geschäftsführung	Wilfried Gill (Vors.), Dr. Hans-Dieter Orgeig, Johann Völk, Bartholomäus Werberger	
Bilanztermin	31.12.	

GEFA-Leasing (Gruppe)

42117 Wuppertal
Robert-Daum-Platz 1
<42013> Postfach 10 13 08

Telefon (02 02) 3 82-0
Telefax (02 02) 3 82-22
Internet www.gefa.de

Branche	Mobilien-Leasing	
Umsatz (in Mio. €)	2695 (2001)	2456 (2002)
Beschäftigte	733 (2001)	710 (2002)
Gesellschafter	Société Générale 100%	
Aufsichtsrat	Vorsitzender Henri Bonnet	
Geschäftsführung	Wolfgang F. Karsten, Jochen Jehmlich, Dr. Peter Lambeck, Jean-Marc Mignerey	
Bilanztermin	31.12.	

Getrag Getriebe- und Zahnradfabrik Hermann Hagenmeyer GmbH & Cie

71636 Ludwigsburg
Solitudenallee 24
<71604> Postfach 4 49

Telefon (0 71 41) 99-40
Telefax (0 71 41) 99-44 14
Internet www.getrag.de

Branche	KfZ-Zulieferindustrie	
Umsatz (in Mio. €)	1799 (2001)	1899 (2002)
Beschäftigte	9000 (2001)	9000 (2002)
Gesellschafter	Familie Hagenmeyer	
Geschäftsführung	Tobias Hagenmeyer (Vors.), Dieter Schlenkermann	
Bilanztermin	31.12.	

GEW RheinEnergie AG*

50823 Köln
Parkgürtel 24
<50455> Postfach 10 15 43

Telefon (02 21) 1 78-0
Telefax (02 21) 1 78-33 22
Internet www.gewkoeln.de

Branche	Energie- und Wasserversorgung	
Umsatz (in Mio. €)	1062 (2001)	1455 (2002)
Beschäftigte	2635 (2001)	3063 (2002)
Großaktionäre	Stadtwerke Köln GmbH 90%, Stadt Köln 10%	
Aufsichtsrat	Vorsitzender Karl Jürgen Klipper	
Vorstand	Dipl.-Ing. Helmut Haumann (Vors.), Rudolf Gruber, Wilfried Räpple, Bernhard Witschen	
Bilanztermin	31.12.	

* ehem. GEW Köln AG

Giesecke & Devrient GmbH

81677 München
Prinzregentenstraße 159
<81607> Postfach 80 07 29

Telefon (0 89) 41 19-0
Telefax (0 89) 41 19-15 35
Internet www.gi-de.com

Branche	Druckerei	
Umsatz (in Mio. €)	1133 (2001)	1088 (2002)
Beschäftigte	6991 (2001)	6425 (2002)
Gesellschafter	Veronika von Mitschke-Collande, Claudia Miller	
Aufsichtsrat	Vorsitzender Dr. Peter Mihatsch	
Geschäftsführung	Willi Berchtold (Vors.), Peter Eisenbacher, Franz Haniel, Hans Wolfgang Kunz, Hans-Christoph v. Mitschke-Collande, Dr. Walter Schleebusch, Dr. Peter Zattler	
Bilanztermin	31.12.	

GILDEMEISTER AG

33689 Bielefeld
Gildemeisterstraße 60
<33663> Postfach 11 03 51

Telefon (0 52 05) 74-0
Telefax (0 52 05) 74-30 81
Internet www.gildemeister.com

Branche	Maschinenbau	
Umsatz (in Mio. €)	1143 (2001)	1327 (2002)
Beschäftigte	5212 (2001)	5045 (2002)
Aufsichtsrat	Vorsitzender Dr.-Ing. Manfred Lennings	
Vorstand	Dr. Rüdiger Kapitza (Vors.), Dr. Raimund Klinkner, Diert Schäfer (bis 31.12.2003), Michael Welt	
Bilanztermin	31.12	

Globus-Handelshof-Gruppe

66606 St. Wendel
Leipziger Str. 8
<66594> Postfach 14 20

Telefon (0 68 51) 9 09-0
Telefax (0 68 51) 9 09-6 00
Internet www.globus.net

Branche	Einzelhandel	
Umsatz (in Mio. €)	3271 (2001)	3417 (2002)
Beschäftigte	23189 (2001)	22248 (2002)
Beirat	Dr. Gerhard Wacker (Vors.)	
Geschäftsführung	Thomas Bruch, Rudolf Groß	
Bilanztermin	30.6.	

GRUNDIG AG*

90471 Nürnberg
Beuthener Straße 41-43

Telefon (09 11) 7 03-0
Telefax (09 11) 70 53 76
Internet www.grundig.com

Branche	Elektro, Elektronik	
Umsatz (in Mio. €)	1280 (2001)	1200 (2002)
Beschäftigte	5383 (2001)	3910 (2002)
Großaktionär	BEB Bayerische Elektronik Beteiligungs-GmbH & Co. KG	
Aufsichtsrat	Vorsitzender Prof. Dr. Anton Kathrein	
Vorstand	Eberhard Braun (Vors.), Elmar Hülsmann, Wilhelm H. Kister, Dr. Günter Moissl, Dr. Werner Saalfrank	
Bilanztermin	31.12.	

* Insolvenzverfahren eröffnet

Unternehmensgruppe Gruner + Jahr (Welt)

20459 Hamburg
Am Baumwall 11
<20444> Postfach

Telefon (0 40) 37 03-0
Telefax (0 40) 37 03-60 00
Internet www.guj.de

Branche	Medien	
Umsatz (in Mio. €)	3042 (2001)	2799 (2002)
Beschäftigte	12946 (2001)	11367 (2002)
Großaktionär	Bertelsmann-Konzern über 50%	
Aufsichtsrat	Vorsitzender Gunter Thielen	
Vorstand	Dr. Bernd Kundrun (Vors.), Axel Ganz, Angelika Jahr, Dr. Martin Schuster, Martin Stahel, Achim Twardy, Rolf Wickmann	
Bilanztermin	30.6.	

hagebau Handelsgesellschaft für Baustoffe mbH & Co. KG

29614 Soltau
Celler Straße 47
<29602> Postfach 12 53

Telefon (0 51 91) 8 02-0
Telefax (0 51 91) 8 02-1 91
Internet www.hagebau.de

Branche	Großhandel, Baustoffe	
Umsatz (in Mio. €)	2501 (2001)	2594 (2002)
Beschäftigte	369 (2001)	370 (2002)
Aufsichtsrat	Vorsitzender Rolf J. Wertheimer	
Vorstand	Michael Baumgardt, Heribert Gondert, Hans-Joachim Hoewner	
Bilanztermin	31.12.	

Hamburgische Electricitäts-Werke AG, (HEW)

22297 Hamburg
Überseering 12
<22286> Postfach

Telefon (0 40) 63 96-0
Telefax (0 40) 63 96-39 99
Internet www.hew.de

Branche	Energieversorgung	
Umsatz (in Mio. €)	4065 (2001)	3248 (2002)
Beschäftigte	4215 (2001)	4118 (2002)
Großaktionäre	Vattenfall AB 73,8%, FHH 25,1%	
Aufsichtsrat	Vorsitzender Lars Göran Josefsson	
Vorstand	Dr. Klaus Rauscher (Vors.), Berndt-Olof Helzén, Günter Kwaschnik, Joachim Lubitz	
Bilanztermin	31.12.	

HAMBURG SÜD

20457 Hamburg
Ost-West-Straße 59
<20415> Postfach 11 15 33

Telefon (0 40) 37 05-0
Telefax (0 40) 37 05-24 00
Internet www.hamburg-sued.com

Branche	Transport	
Umsatz (in Mio. €)	2293 (2001)	1726 (2002)
Beschäftigte	2955 (2001)	3041 (2002)
Gesellschafter	Dr. August Oetker KG	
Geschäftsführung	Dr. Klaus Meves (Vors.), Dr. Ottmar Gast, Joachim Konrad	
Bilanztermin	31.12.	

Franz Haniel & Cie. GmbH

47119 Duisburg
Franz-Haniel-Platz 1
<47118> Postfach

Telefon (02 03)-8 06-0
Telefax (02 03) 8 06-6 22
Internet www.haniel.de

Branche	Dienstleistungen, Handel	
Umsatz (in Mio. €)	20338 (2001)	22499 (2002)
Beschäftigte	46751 (2001)	53600 (2002)
Gesellschafter	Familie Haniel	
Aufsichtsrat	Vorsitzender Jan van Haeften	
Vorstand	Günther Hülse (Vors.), Prof. Dr. Theo Siegert, Dr. Klaus-Rüdiger Trützschler	
Bilanztermin	31.12.	

Hapag-Lloyd AG

20095 Hamburg
Ballindamm 25
<20079> Postfach

Telefon (0 40) 30 01-0
Telefax (0 40) 33 00 53
Internet www.hapag-lloyd.de

Branche	Transport	
Umsatz (in Mio. €)	3889 (2001)	3776 (2002)
Beschäftigte	8953 (2001)	9226 (2002)
Großaktionäre	Preussag AG	
Aufsichtsrat	Vorsitzender Dr. Michael Frenzel	
Vorstand	Michael Behrendt (Vors.), Günther Casjens, Joachim Eilert	
Bilanztermin	31.12.	

HARIBO GmbH & Co. KG

53129 Bonn
Hans-Riegel-Straße 1
<53007> Postfach 17 20

Telefon (02 28) 5 37-1
Telefax (02 28) 5 37-2 89
Internet www.haribo.de

Branche	Nahrungs- und Genußmittel	
Umsatz (in Mio. €)*	1349 (2001)	1300 (2002)
Beschäftigte*	5700 (2001)	6000 (2002)
Geschäftsführung	Dr. Hans Riegel, Paul Riegel (geschäftsführende Gesellschafter)	
Bilanztermin	31.12.	

* Angaben geschätzt

Hartmann-Gruppe

89522 Heidenheim/Brenz
Paul-Hartmann-Straße
<89504> Postfach 14 20

Telefon (0 73 21) 36-0
Telefax (0 73 21) 36-36 36
Internet www.hartmann.com

Branche	Hygieneprodukte	
Umsatz (in Mio. €)	1149 (2001)	1270 (2002)
Beschäftigte	9857 (2001)	9636 (2002)
Aufsichtsrat	Vorsitzender Dr. Karl Heinz Weiss	
Vorstand	Prof. Dr. Ulrich Hemel (Vors.), Dipl.-Betriebsw. Friedrich Pohl, Dr. Hans-Peter Wagner, Dr.-Ing. Thomas Wurster	
Bilanztermin	31.12.	

Heidelberger Druckmaschinen AG

69115 Heidelberg
Kurfürstenanlage 52-60
<69019> Postfach 10 29 40

Telefon (0 62 21) 92-0
Telefax (0 62 21) 92-69 99
Internet www.heidelberg.com

Branche	Maschinenbau	
Umsatz (in Mio. €)	5303 (2001)	5016 (2002)
Beschäftigte	24423 (2001)	24905 (2002)
Großaktionäre	RWE AG 56,1%, Almüco 23,9%, Commerzbank 3,5%	
Aufsichtsrat	Vorsitzender Dr. Dietmar Kuhnt	
Vorstand	Bernhard Schreier (Vors.), Dr. Herbert Meyer, Dipl.-Ing. Wolfgang Pfizenmaier, Holger Reichardt, Dr. Nikolaus Spiegel	
Bilanztermin	31.3.	

Heidelberger Zement AG

69120 Heidelberg
Berliner Straße 6
<69034> Postfach 10 44 20

Telefon (0 62 21) 4 81-0
Telefax (0 62 21) 4 81-5 54
Internet www.hzag.de

Branche	Baustoffe	
Umsatz (in Mio. €)	6689 (2001)	6570 (2002)
Beschäftigte	34846 (2001)	36761 (2002)
Großaktionäre	Schwenk Beteiligungen GmbH & Co. KG 22%, Allianz AG 17,1%, Deutsche Bank AG 8,6%, RA Dr. Adolf Merckle 10,4%	
Aufsichtsrat	Vorsitzender Dr. rer. pol. Wolfgang Röller	

➡

Vorstand	Dipl.-Kfm. Hans Bauer (Vors.), Dipl.-Ing. Helmut Erhard, Hakan Fernvik, Daniel Gauthier, Bo Jacobsson, Andreas Kern, Dipl.-Ing. Paul Vanfranchem, Dipl.-Kfm. Horst R. Wolf
Bilanztermin	31.12.

Handelsgesellschaft Heinrich Heine GmbH

76135 Karlsruhe
Windeckstraße 15

Telefon (07 21) 9 91-0
Telefax (07 21) 9 91-17 21
Internet www.heine.de

Branche	Versandhandel	
Umsatz (in Mio. €)	1255 (2001)	1395 (2002)
Beschäftigte	4500 (2001)	4600 (2002)
Gesellschafter	Otto-Versand 100%	
Beirat	Dr. Michael Otto (Vors.), Siegfried Kockmann, Gerd Rietz, Martin Zaepfel	
Geschäftsführung	Richard Krekeler, Dr. Wolfgang Linder, Werner Schulz	
Bilanztermin	28.2.	

Hella KG, Hueck & Co.

59557 Lippstadt
Rixbecker Str. 75
<59552> Postfach

Telefon (0 29 41) 38 1
Telefax (0 29 41) 38-71 33
Internet www.hella.com

Branche	KfZ-Zulieferindustrie	
Umsatz (in Mio. €)	2856 (2001)	2942 (2002)
Beschäftigte	23627 (2001)	22443 (2002)
Komplementär	Dr. Jürgen Behrend	
Geschäftsführung	Dr. Jürgen Behrend (Vors.), Martin Herbst, Dr. Werner Lenke, Sebastian Merz, Dr. Martin Stark, Hans Sudkamp	
Bilanztermin	31.5.	

Hellmann Worldwide Logistics GmbH & Co. KG

49090 Osnabrück
Elbestraße 1-40
<49013> Postfach 23 80

Telefon (05 41) 6 05-0
Telefax (05 41) 6 05-12 11
Internet www.hellmann.net

Branche	Spedition	
Umsatz (in Mio. €)	1950 (2001)	1690 (2002)
Beschäftigte	6134 (2001)	6214 (2002)
Geschäftsführung	Klaus Hellmann, Jost Hellmann	
Bilanztermin	31.12.	

Helm AG

20097 Hamburg
Nordkanalstraße 28
<20021> Postfach 10 30 60

Telefon (0 40) 23 75-0
Telefax (0 40) 23 75-18 45
Internet www.helmag.com

Branche	Groß- und Einzelhandel	
Umsatz (in Mio. €)	2617 (2001)	2782 (2002)
Beschäftigte	1092 (2001)	1163 (2002)
Großaktionäre	Hermann Schnabel, DieterSchnabel (Familien-AG)	
Aufsichtsrat	Vorsitzender Ulf Gänger	
Vorstand	Dieter Schnabel (Vors.), Udo A. Böttcher, Rainer Detering, Rolf Meyer-Ottens, Hans-Christian Sievers	
Bilanztermin	31.12.	

Henkel KGaA

40589 Düsseldorf
Henkelstraße 67
<40191> Postfach

Telefon (02 11) 7 97-0
Telefax (02 11) 7 98-40 08
Internet www.henkel.com

Branche	Chemie	
Umsatz (in Mio. €)	13059 (2001)	9655 (2002)
Beschäftigte	59995 (2001)	47203 (2002)
Großaktionär	Familie Henkel	
Aufsichtsrat	Vorsitzender Dipl.-Ing. Albrecht Woeste	
Geschäftsführung	Dr. Ulrich Lehner (Vors.), Jochen Krautter, Alois Linder, Dr. Klaus Morwind, Dr. Roland Schulz, Dr. Uwe Specht, Lothar Steinebach, Knut Weinke	
Bilanztermin	31.12.	

Heraeus Holding GmbH

63450 Hanau
Heraeusstraße 12-14
<63405> Postfach 15 61

Telefon (0 61 81) 35-1
Telefax (0 61 81) 35-3 55
Internet www.heraeus.de

Branche	Chemietechnik, Elektroindustrie, Meß- und Prüftechnik	
Umsatz (in Mio. €)	6838 (2001)	6410 (2002)
Beschäftigte	9181 (2001)	9000 (2002)
Aufsichtsrat	Vorsitzender Dr. Jürgen Heraeus	
Geschäftsführung	Dr. Frank Heinricht (Vors.), Dr. Dieter Truxius	
Bilanztermin	31.12.	

HEWLETT-PACKARD GmbH*

71034 Böblingen
Herrenberger Straße 110-130
<71004> Postfach 14 30

Telefon (0 70 31) 14-0
Telefax (0 70 31) 14-29 99
Internet www.hp.com/de

Branche	Informationstechnologie	
Umsatz (in Mio. €)	4499 (2001)	5100 (2002)
Beschäftigte	5900 (2001)	7800 (2002)
Gesellschafter	Hewlett Packard Company	
Aufsichtsrat	Vorsitzender Dr. Max Dietrich Kley	
Geschäftsführung	Jörg Menno Harms (Vors.), Jürgen Bauhardt, Wolfram Fischer, Rainer Kaczmarczyk, Ernst Reichart, Bärbel Schmidt, Regine Stachelhaus	
Bilanztermin	31.10.	

* Zusammenführung von Hewlett-Packard GmbH und Compaq Computer GmbH zum 1.11.2002

H & M Hennes & Mauritz GmbH

20354 Hamburg
Große Bleichen 30

Telefon (0 40) 35 09 55-0
Telefax (0 40) 35 27 95
Internet www.hm.com

Branche	Textileinzelhandel	
Umsatz (in Mio. €)	1362 (2001)	1515 (2002)
Beschäftigte	6200 (2001)	6880 (2002)
Geschäftsführung	Hans Andersson, Leif Persson	
Bilanztermin	30.11.	

HOCHTIEF Aktiengesellschaft

45128 Essen
Opernplatz 2
<45117> Postfach

Telefon (02 01) 8 24-0
Telefax (02 01) 8 24-27 77
Internet www.hochtief.de

Branche	Bauindustrie	
Umsatz (in Mio. €)	13391 (2001)	12781 (2002)
Beschäftigte	36962 (2001)	33100 (2002)
Großaktionär	RWE-Aktiengesellschaft 56,1%	
Aufsichtsrat	Vorsitzender Dr. jur. Dietmar Kuhnt	
Vorstand	Dr.-Ing. Dr.-Ing. E. h. Hans-Peter Keitel (Vors.), Dipl.-Kfm. Hans-Wolfgang Koch, Dr. Peter Noé, Dr. Hans-Georg Vater	
Bilanztermin	31.12.	

Hoechst AG*

65929 Frankfurt am Main
Brüningstraße 10
<65926> Postfach

Telefon (0 69) 3 05-1
Telefax (0 69) 30 36 65/66
Internet www.hoechst.com

Branche	(Holding) Life Sciences	
Umsatz (in Mio. €)	14274 (2001)	9167 (2002)
Beschäftigte	64364 (2001)	18000 (2002)
Großaktionär	Aventis, Straßbourg 98,04%	
Aufsichtsrat	Vorsitzender Justus Mische	
Vorstand	Werner Dupré, Dr. Heinz-Werner Meier, Dr. Dirk Oldenburg	
Bilanztermin	31.12.	

* Zwischenholding für Aventis S.A.

Georg von Holtzbrinck Verlagsgruppe

70184 Stuttgart
Gänsheidestraße 26
<70044> Postfach

Telefon (07 11) 21 50-0
Telefax (07 11) 21 50-2 69
Internet www.holtzbrinck.com

Branche	Medien (Verlag, Druckerei, Zeitungen, Neue Medien)	
Umsatz (in Mio. €)	2345 (2001)	2240 (2002)
Beschäftigte	12500 (2001)	12500 (2002)
Gesellschafter	Dieter von Holtzbrinck, Dr. Stefan von Holtzbrinck, Monika Schoeller	
Beirat	Dieter von Holtzbrinck (Vors.), Dr. Pierre Gerckens, Prof. Dr. Berthold F. Leibinger, Dr. Arno Mahlert, Nicholas Baym Shaw, Dr. Kurt Rissel, Monika Schoeller, Dr. Walter Sigle	

➡

Geschäftsführung Dr. Stefan von Holtzbrinck (Vors.), Richard Charkin, Axel Gleie, Michael Grabner, Dr. Rolf Grisebach, Jochen Gutbrod, Dr. Heinz-Werner Nienstedt, Dr. Rüdiger Salat, John Sargent
Bilanztermin 31.12.

HONDA Deutschland GmbH

63069 Offenbach
Sprendlinger Landstraße 166
<63008> Postfach 10 08 64

Telefon (0 69) 83 09-0
Telefax (0 69) 83 20 20
Internet www.honda.de

Branche	Kfz-Import	
Umsatz (in Mio. €)	1103 (2001)	1165 (2002)
Beschäftigte	269 (2001)	274 (2002)
Geschäftsführung	Hiroshi Kobayashi (Vors.), Günter Schnatz	
Bilanztermin	31.3.	

Hornbach Holding AG

76879 Bornheim/Pfalz
Giesübel 2/3
<76878> Postfach

Telefon (0 63 48) 60-0
Telefax (0 63 48) 60-40 00
Internet www.hornbach.de

Branche	Baustoffe	
Umsatz (in Mio. €)	1314 (2001)	1492 (2002)
Beschäftigte	6122 (2001)	7026 (2002)
Aufsichtsrat	Vorsitzender Gerhard Wolf	
Vorstand	Dipl.-Ing. Albrecht Hornbach (Vors.), Dipl.-Ing. Steffen Hornbach, Bernd Lübcke, Dipl.-Kfm. Roland Pelka, Manfred Valder	
Bilanztermin	28.2.	

Hüttenwerke Krupp-Mannesmann GmbH

47259 Duisburg
Ehinger Straße 200

Telefon (02 03) 9 99-01
Telefax (02 03) 9 99-44 11
Internet www.hkm.de

Branche	Stahlindustrie	
Umsatz (in Mio. €)	1205 (2001)	1263 (2002)
Beschäftigte	3537 (2001)	3544 (2002)
Gesellschafter	Thyssen Krupp Stahl AG 50%, Mannesmannröhren-Werke AG 50%	
Aufsichtsrat	Vorsitzender Dr.-Ing. Karl-Ulrich Köhler	
Geschäftsführung	Dr. Wolfgang Bohnstedt, Dr. Wolf Lanzer, Kurt-Peter Sonntag	
Bilanztermin	31.12.	

Humana Milchunion eG

48351 Everswinkel
Münsterstraße 31
<48348> Postfach 12 62

Telefon (0 25 82) 77-0
Telefax (0 25 82) 77-1 25
Internet www.humana.de

Branche	Lebensmittel	
Umsatz (in Mio. €)	2360 (2001)	2534 (2002)
Beschäftigte	2600 (2001)	3050 (2002)
Geschäftsführung	Albert Große Fie (Vors.), R. Janshen	
Bilanztermin	31.12.	

Hydro Aluminium Deutschland GmbH*

53117 Bonn
Georg-von-Boeselager-Straße 25
<53014> Postfach 24 68

Telefon (02 28) 5 52-02
Telefax (02 28) 5 52-22 68
Internet www.hydro.com

Branche	Aluminiumindustrie	
Umsatz (in Mio. €)	3931 (2001)	2705 (2002)
Beschäftigte	16917 (2001)	4326 (2002)
Gesellschafter	Norsk Hydro ASA, Oslo	
Aufsichtsrat	Vorsitzender Leiv L. Nergaard	
Geschäftsführung	Dr. Dieter Braun (Vors.), Rune Andersson, Jürgen Hermans, Irmtraud Pawlik, Andreas Schütte	
Bilanztermin	31.12.	

* ehem. VAW aluminium AG

IBM Deutschland GmbH

70569 Stuttgart
Pascalstraße 100
<70548> Postfach

Telefon (07 11) 7 85-0
Telefax (07 11) 7 85-25 19
Internet www.ibm.com

Branche	Informationstechnologie	
Umsatz (in Mio. €)	6230 (2001)	5800 (2002)
Beschäftigte	26000 (2001)	22000 (2002)
Aufsichtsrat	Vorsitzender Edmund Hug	
Geschäftsführung	Walter Raizner (Vors.), Rudolf Bauer, Dr. Juliane Wiemerslage	
Bilanztermin	31.12.	

IDS Logistik GmbH

33689 Bielefeld
Piderits Bleiche 4
<33664> Postfach 11 04 54

Telefon (0 52 05) 91 23 0
Telefax (0 52 05) 91 23-45
Internet www.ids-logistik.de

Branche	Logistik	
Umsatz (in Mio. €)	2149 (2001)	2200 (2002)
Beschäftigte	11500 (2001)	11400 (2002)
Geschäftsführung	Barbara Dietz (Vors.)	
Bilanztermin	31.12.	

Ihr platz GmbH. + Co.

49080 Osnabrück
Parkstraße 32
<49027> Postfach 37 40

Telefon (05 41) 98 55-0
Telefax (05 41) 98 55-2 67
Internet www.IhrPlatz.de

Branche	Einzelhandel	
Umsatz (in Mio. €)	1055 (2001)	1092 (2002)
Beschäftigte	9500 (2001)	7500 (2002)
Geschäftsführung	Stephan Schelo (Vors.), Heinrich Hermann Frömbling	
Bilanztermin	31.12.	

IKEA Deutschland Verkaufs-GmbH & Co. Einrichtungs KG

65719 Hofheim-Wallau
Am Wandersmann 2-4

Telefon (0 61 22) 9 97-3 99
Telefax (0 61 22) 1 53 84
Internet www.ikea.de

Branche	Möbelhandel	
Umsatz (in Mio. €)	2130 (2001)	2139 (2002)
Beschäftigte	9000 (2001)	9391 (2002)
Gesellschafter	IKEA Dänemark (Ingvar Kamprad)	
Geschäftsführung	Werner Weber (Vors.), Klaus Kelwing	
Bilanztermin	31.8.	

INA Holding Schaeffler KG*

91074 Herzogenaurach
Industriestraße 1-3
<91072> Postfach

Telefon (0 91 32) 82-0
Telefax (0 91 32) 82-49 50
Internet www.ina.com

Branche	Metallverarbeitende Inustrie	
Umsatz (in Mio. €)	6599 (2001)	6899 (2002)
Beschäftigte	52000 (2001)	54000 (2002)
Gesellschafter	Maria Elisabeth Schaeffler, Georg Schaeffler	
Geschäftsführung	Dr. Jürgen M. Geißinger (Vors.), Dr. Mary Jo Gresens, Robert Schullan	
Bilanztermin	31.12.	

* ab 2001 inklusive FAG-Konzern

INEOS Phenol GmbH & Co. KG

45966 Gladbeck
Dechenstraße 3
<45955> Postfach 5 08

Telefon (0 20 43) 9 58-0
Telefax (0 20 52) 9 58-9 00
Internet www.ineos.com

Branche	Chemie	
Umsatz (in Mio. €)	877 (2001)	1188 (2002)
Beschäftigte	600 (2001)	651 (2002)
Kommanditisten	INEOS Phenol Ltd., Southampton	
Geschäftsführung	Dr.-Ing. Peter Bickert (Vors.)	
Bilanztermin	31.12.	

Infineon Technologies AG

81541 München
St. Martin Straße 53
<81609> Postfach 80 09 49

Telefon (0 89) 2 34-0
Telefax (0 89) 2 34-2 84 82
Internet www.infineon.com

Branche	Halbleiter-Industrie	
Umsatz (in Mio. €)	5671 (2001)	5206 (2002)
Beschäftigte	33813 (2001)	29166 (2002)
Großaktionär	Siemens AG 50%	
Aufsichtsrat	Vorsitzender Max Dietrich Kley	
Vorstand	Dr. Ulrich Schumacher (Vors.), Peter Bauer, Peter J. Fischl, Thomas Marquardt, Dr. Sönke Mehrgardt, Dr. Andreas von Zitzewitz	
Bilanztermin	30.9.	

Ingram Macrotron AG

85609 Dornach bei München
Heisenbergbogen 3

Telefon (0 89) 42 08-0
Telefax (0 89) 42 08-15 04
Internet www.ingram-macro-tron.de

Branche	Computer, Peripherie, Software	
Umsatz (in Mio. €)	2757 (2001)	2900 (2002)
Beschäftigte	1638 (2001)	1300 (2002)
Großaktionär	Ingram Micro Corp.	
Aufsichtsrat	Vorsitzender Karel Everaet	
Vorstand	Michael Kaack (Vors.), Alfred Kulhanek, Ingo Möller, Peter Selbach	
Bilanztermin	30.9.	

Intel GmbH

85622 Feldkirchen
Dornacher Straße 1

Telefon (0 89) 9 91 43-0
Telefax (0 89) 90 43 948
Internet www.intel.com

Branche	Informationstechnologie	
Umsatz (in Mio. €)	2076 (2001)	2099 (2002)
Beschäftigte	400 (2001)	400 (2002)
Gesellschafter	Intel Corp.	
Geschäftsführer	Jürgen Thiel (Vors.)	
Bilanztermin	31.12.	

Interbaustoff GmbH & Co. KG

61231 Bad Nauheimm
Auf dem Hohenstein 2

Telefon (0 60 32) 8 05-2 02
Telefax (0 60 32) 8 05-2 65
Internet www.interbaustoff.de

Branche	Baustoffe	
Umsatz (in Mio. €)	1332 (2001)	1361 (2002)
Beschäftigte	109 (2001)	107 (2002)
Beirat	Thomas Rüppel (Vors.), Herbert Kerssen, Heinrich Krüger, Horst Plambeck, Harald Rieth, Uwe Rothkegel, Eugen Schweiß, Dr. Detlef Sporkenbach, Christian Wolters	
Geschäftsführung	Dr. Guido Roedig (Vors.)	
Bilanztermin	31.12.	

INTERPARES-MOBAU GmbH & Co. KG

76185 Karlsruhe
Daimler-Straße 5d
<76154> Postfach 21 04 65

Telefon (07 21) 97 28-0
Telefax (07 21) 97 28-2 92
Internet www.i-m.de

Branche	Ein- und Verkaufsvereinigungen	
Umsatz (in Mio. €)	1472 (2001)	1380 (2002)
Beschäftigte	168 (2001)	168 (2002)
Aufsichtsrat	Vorsitzender Klaus Lühmann	
Geschäftsführung	Helmut Bechtold (Vors.), Heinz Josef Kolvenbach, Dipl.Kfm. Reinhold Metzger, Dipl.-Volksw. Hermann Schneider	
Bilanztermin	31.12.	

IVECO MAGIRUS AG

89079 Ulm
Nicolaus-Otto-Straße 25-27

Telefon (07 31) 4 08-8
Telefax (07 31) 4 08-31 99
Internet www.iveco.com

Branche	Fahrzeugbau	
Umsatz (in Mio. €)	1400 (2001)	1366 (2002)
Beschäftigte	1968 (2001)	1911 (2002)
Großaktionär	IVECO N.V., Amsterdam	
Aufsichtsrat	Vorsitzender Otto Graf Lambsdorff	
Vorstand	Mario Astengo, , Günter Dürschmied, Jürgen Fischer, Gerhard Rieck, Laurens Snieders, Romano Spadaro,	
Bilanztermin	31.12.	

IWKA AG

76275 Ettlingen
Am Hardtwald 3
<76020> Postfach 34 09

Telefon (07 21) 1 43-0
Telefax (07 21) 1 43-2 43
Internet www.iwka.de

Branche	Maschinenbau, Anlagenbau
Umsatz (in Mio. €)	2290 (2001) 2312 (2002)
Beschäftigte	12823 (2001) 13089 (2002)
Großaktionär	Bankhaus Julius Bär 5,6%
Aufsichtsrat	Vorsitzender Dr. jur. Wolf Hartmut Prellwitz
Vorstand	Dipl.-Ing. Dipl.-Kfm. Hans Fahr (Vors.), Dipl.-Kfm. Hans Lampert, Prof. Dr.-Ing. Gunther Reinhart
Bilanztermin	31.12.

JENOPTIK AG

07743 Jena
Carl-Zeiß-Straße
<07739> Postfach

Telefon (0 36 41) 65-0
Telefax (0 36 41) 42 45 14
Internet www.jenoptik.de

Branche	Holding
Umsatz (in Mio. €)	2001 (2001) 1583 (2002)
Beschäftigte	6943 (2001) 9824 (2002)
Großaktionäre	Freistaat Thüringen 18,9%, Bankengruppe 8,2%
Aufsichtsrat	Vorsitzender Dr. Roland Schelling
Vorstand	Alexander von Witzleben (Vors.), Jürgen Gießmann, Norbert Thiel
Bilanztermin	31.12.

Johnson Controls GmbH Automotive Systems Group

51399 Burscheid
Industriestraße 20

Telefon (0 21 74) 65-0
Telefax (0 21 74) 65-31 00
Internet www.jc.com

Branche	Kfz-Zulieferindustrie
Umsatz (in Mio. €)	4714 (2001) 4570 (2002)
Beschäftigte	25800 (2001) 33000 (2002)
Geschäftsführung	John G. Fioro (Vors.), Giovanni W. Fiori, John McDonough, Robert Netolicka, Stephan Alan Roell
Bilanztermin	31.12.

Jungheinrich (Gruppe)

22047 Hamburg
Friedrich-Ebert-Damm 129
<22009> Postfach 70 09 41

Telefon (0 40) 69 48-0
Telefax (0 40) 69 48-17 77
Internet www.jungheinrich.de

Branche	Maschinenbau	
Umsatz (in Mio. €)	1550 (2001)	1476 (2002)
Beschäftigte	9288 (2001)	9248 (2002)
Aufsichtsrat	Vorsitzender Dr. Dietrich Schulz	
Vorstand	Dr. Cletus von Pichler (Vors.), Matthias Fischer, Dr. Dieter Helmke (bis 31.12.2003), Dr. Erich Kirschneck, Dr. Michael Lüer	
Bilanztermin	31.12.	

KAISERS TENGELMANN AG

41747 Viersen
Lichtenberg 44
<41706> Postfach 10 06 55

Telefon (0 21 62) 1 05-0
Telefax (0 21 62) 3 34 99
Internet www.tengelmann.de

Branche	Nahrungs- und Genußmittel	
Umsatz (in Mio. €)	2492 (2001)	2253 (2002)
Beschäftigte	20000 (2001)	19527 (2002)
Großaktionär	Tengelmann Warenhandelsgesellschaft über 75%	
Aufsichtsrat	Vorsitzender Dr. Hans Christian Bremme	
Vorstand	John Rix (Vors.), Bernd Ahlers, Hans-Hugo Lavallée	
Bilanztermin	30.6.	

Kamps AG

40549 Düsseldorf
Prinzenallee 13

Telefon (02 11) 53 06 34-0
Telefax (02 11) 53 06 34-34
Internet www.kamps.de

Branche	Holding	
Umsatz (in Mio. €)	1954 (2001)	1730 (2002)
Beschäftigte	14861 (2001)	13806 (2002)
Großaktionäre	Barilla 96,7%	
Aufsichtsrat	Vorsitzender Dr. Georg F. Baur	
Vorstand	Heiner Kamps (Vors.), Werner Herterich, Wolfgang Kröger, Vittorio Ogliengo, Matthias Zachert	
Bilanztermin	31.12.	

Wilhelm Karmann GmbH

49084 Osnabrück
Karmannstraße 1
<49016> Postfach 2609

Telefon (05 41) 5 81-0
Telefax (05 41) 5 81-6 33
Internet www.karmann.com

Branche	Fahrzeugbau	
Umsatz (in Mio. €)	1347 (2001)	1239 (2002)
Beschäftigte	7100 (2001)	8100 (2002)
Aufsichtsrat	Vorsitzender Dr. Jobst Wellensiek	
Geschäftsführer	Dr.-Ing. Bernd Lieberoth-Leden (Vors.), Klaus Battenfeld, Dr. Hans-Joachim Emmelmann, Wilhelm-Dietrich Karmann, Bernd Staschinski	
Bilanztermin	31.12.	

Karstadt Warenhaus AG

45133 Essen
Theodor-Althoff-Straße 2
<45201> Postfach 10 21 64

Telefon (02 01) 7 27-1
Telefax (02 01) 7 27-52 16
Internet www.karstadt.de

Branche	Handel	
Umsatz (in Mio. €)	6873 (2001)	6321 (2002)
Beschäftigte	58000 (2001)	43000 (2002)
Großaktionar	Karstadt Quelle AG	
Aufsichtsrat	Vorsitzender Wolfgang Urban	
Vorstand	Prof. Dr. Helmut Merkel (Vors.), Klaus Appelhoff, Manfred Ciesielski, Thomas Freude, Burkhard Linse, Ralf Pohl	
Bilanztermin	31.12.	

KARSTADT QUELLE AG

45133 Essen
Theodor-Althoff-Straße 2
<45119> Postfach

Telefon (02 01) 7 27-1
Telefax (02 01) 7 27-37 09
Internet www.karstadtquelle.com

Branche	Warenhaus	
Umsatz (in Mio. €)	16066 (2001)	15814 (2002)
Beschäftigte	112141 (2001)	104536 (2002)
Großaktionare	Schickedanz-Gruppe 53,99%, Allianz AG 13,34%	
Aufsichtsrat	Vorsitzender Dr. Hans Meinhardt	
Vorstand	Wolfgang Urban (Vors.), Dr. Christoph Achenbach, Peter Gerard, Prof. Dr. Helmut Merkel, Werner Piotrowski	
Bilanztermin	31.12.	

Kaufhof Warenhaus AG

50676 Köln
Leonhard-Tietz-Straße 1
<50599> Postfach

Telefon (02 21) 2 23-0
Telefax (02 21) 2 23-28 00
Internet www.galeria-kaufhof.de

Branche	Handel	
Umsatz (in Mio. €)	3971 (2001)	3900 (2002)
Beschäftigte	22032 (2001)	21070 (2002)
Großaktionär	METRO AG 87,5%	
Aufsichtsrat	Vorsitzender Dr. Hans-Joachim Körber	
Vorstand	Lovro Mandac (Vors.), Wolfgang Kraus, Reinhard A. Müller, Ralf Pütmann	
Bilanztermin	31.12.	

Kautex Textron GmbH & Co. KG

53229 Bonn
Kautexstraße 52
<53001> Postfach 30 07 63

Telefon (02 28) 4 88-0
Telefax (02 28) 4 88-3 71
Internet www.kautex.de

Branche	KfZ-Zulieferindustrie	
Umsatz (in Mio. €)	1095 (2001)	1095 (2002)
Beschäftigte	5000 (2001)	5250 (2002)
Gesellschafter	Textron Inc.	
Geschäftsführung	Lothar Rosenkranz (Vors.), Hans-Dieter Lesch	
Bilanztermin	31.12.	

KLÖCKNER & CO AG

47057 Duisburg
Neudorfer Straße 3-5
<47008> Postfach 10 08 51

Telefon (02 03) 3 07-0
Telefax (02 03) 3 07-50 00
Internet www.kloeckner.de

Branche	Werkstoffhandel	
Umsatz (in Mio. €)	4242 (2001)	3993 (2002)
Beschäftigte	10988 (2001)	10589 (2002)
Gesellschafter	Balli Klöckner Holdings AG, WestLB	
Aufsichtsrat	Vorsitzender Erich Bauer	
Vorstand	Scott McDonald (Vors.), Derrick Noe	
Bilanztermin	31.12.	

KM-Europa Metal AG

49074 Osnabrück
Klosterstraße 29
<49023> Postfach 33 20

Telefon (05 41) 3 21-0
Telefax (05 41) 3 21-3 66
Internet www.kme.de

Branche	Metallerzeugung und -bearbeitung	
Umsatz (in Mio. €)	1087 (2001)	2174 (2002)
Beschäftigte	7891 (2001)	7900 (2002)
Großaktionär	SMI-Società Metallurgica Italiana S.p.a. 76,9%	
Aufsichtsrat	Vorsitzender Jörg Stegmann	
Vorstand	Norbert Brodersen (Vors.), Dr. Pier Bruno Ceccacci, Dr. Sergio Ceccuzzi, Dr. Domenico Cova, Manfred Haberstroh, Dr.-Ing. Albert Scherger	
Bilanztermin	31.12.	

KNORR-BREMSE AG

80809 München
Moosacher Straße 80
<80710> Postfach 40 10 60

Telefon (0 89) 35 47-0
Telefax (0 89) 35 47-27 67
Internet www.knorr-bremse.com

Branche	Maschinenbau, KfZ-Zulieferindustrie	
Umsatz (in Mio. €)	1653 (2001)	2117 (2002)
Beschäftigte	9215 (2001)	10959 (2002)
Alleinaktionär	Familie Thiele	
Aufsichtsrat	Vorsitzender Dr. Hans-Peter Binder	
Vorstand	Heinz Hermann Thiele (Vors.), Peter Riedlinger, Jens Theuerkorn	
Bilanztermin	31.12.	

Koenig & Bauer AG (KBA)

97080 Würzburg
Friedrich Koenig Str. 4
<97010> Postfach 60 60

Telefon (09 31) 9 09-0
Telefax (09 31) 9 09-41 01
Internet www.kba-print.de

Branche	Maschinenbau	
Umsatz (in Mio. €)	1289 (2001)	1353 (2002)
Beschäftigte	7561 (2001)	7539 (2002)
Aufsichtsrat	Vorsitzender Peter Reimpell	
Vorstand	Dipl.-Ing. Albrecht Bolza-Schünemann (Vors.), Dipl.-Ing. Claus Bolza-Schünemann, Dr.-Ing. Frank Junker, Peter Marr, Dipl.-Betriebsw. Andreas Mößner, Dipl.-Ing. Walter Schumacher	
Bilanztermin	31.12.	

Körber AG

21033 Hamburg
Kurt-A.-Körber-Chaussee 8-32
<21027> Postfach

Telefon (0 40) 72 50-01
Telefax (0 40) 72 50-21 99
Internet www.koerber.de

Branche	Maschinenbau	
Umsatz (in Mio. €)	1260 (2001)	1374 (2002)
Beschäftigte	7849 (2001)	8055 (2002)
Alleinaktionär	Körber-Stiftung	
Aufsichtsrat	Vorsitzender Eberhard Reuther	
Vorstand	Dr. Werner Redeker (Vors.), Richard Bauer, Gregor Rüth, Detlev Terboven, Martin Weickenmeier	
Bilanztermin	31.12.	

Kolbenschmidt Pierburg AG

40476 Düsseldorf
Kennedydamm 17
<40033> Postfach 10 42 61

Telefon (02 11) 4 73-40 06
Telefax (02 11) 4 73-40 55
Internet www.kolbenschmidt-pierburg.de

Branche	KfZ-Zulieferindustrie	
Umsatz (in Mio. €)	1825 (2001)	1883 (2002)
Beschäftigte	11662 (2001)	11535 (2002)
Alleinaktionär	Rheinmetall AG	
Aufsichtsrat	Vorsitzender Dipl.-Math. Klaus Eberhardt	
Vorstand	Dr. Gerd Kleinert (Vors.), Dr. jur. Jörg-Martin Friedrich, Dr. Peter Merten	
Bilanztermin	31.12.	

Kommanditgesellschaft Allgemeine Leasing GmbH & Co.

82031 Grünwald
Tölzer Straße 15
<82025> Postfach 1 40

Telefon (0 89) 6 41 43-0
Telefax (0 89) 6 41 43-1 31
Internet www.kgal.de

Branche	Leasing	
Umsatz (in Mio. €)	6699 (2001)	7000 (2002)
Beschäftigte	925 (2001)	1014 (2002)
Gesellschafter	Dresdner Bank 45%, Hamburger Sparkasse 15%, Bayerische Landesbank 30%	
Verwaltungsrat	Vorsitzender Bernhard Walter	
Geschäftsführung	Dr. Wolfgang Rutke (Vors.), Ulrich Berger, Horst-Günther Schulz	
Bilanztermin	31.12.	

KPMG Deutsche Treuhand-Gesellschaft Aktiengesellschaft Wirtschaftsprüfungsgesellschaft

10719 Berlin
Kurfürstendamm 207-208
<10669> Postfach 15 07 15

Telefon (0 30) 20 68–0
Telefax (0 30) 20 68-20 00
Internet www.kpmg.de

Branche	Wirtschaftsprüfung, Treuhand	
Umsatz (in Mio. €)	1499 (2001)	1016 (2002)
Beschäftigte	9200 (2001)	7000 (2002)
Großaktionär	DTG Treuhand-GmbH Wirtschaftsprüfungsgesellschaft 25%	
Aufsichtsrat	Vorsitzender Gerhard Brackert	
Vorstand	Prof. Dr. Harald Wiedmann (Vors.), Dipl.-Kfm. Axel Berger, Dr. Bernd Erle, Dr. Wolfgang Fliess, Dr. Gerd Geib, Dr. Martin Hoyos, Dr. Hartwich Lüßmann, Dipl.-Kfm. Ulrich Maas, Prof. Dr. Rolf Nonnenmacher, Dipl.-Kfm. Rüdiger Reinke, Kenneth D. Russell, Bernd Ulrich Schmid, Dr. Wienand Schruff, Prof. Dr. Klaus Stolberg, Dr. Peter Wesner, Dipl.-Kfm. Gottfried Wohlmannstetter, Dipl.-Kfm. Hans Zehnder	
Bilanztermin	31.12.	

Kraft Foods Deutschland GmbH & Co. KG

28199 Bremen
Langemarckstraße 4-20
<28078> Postfach 10 78 40

Telefon (04 21) 5 99-01
Telefax (04 21) 5 99-36 75
Internet www.kraft-foods.de

Branche	Nahrungs- und Genußmittel	
Umsatz (in Mio. €)	1950 (2001)	1950 (2002)
Beschäftigte	3800 (2001)	2900 (2002)
Gesellschafter	Philip Morris International 100%	
Geschäftsführung	Brian Carlisle (Vors.), Frank von Glan	
Bilanztermin	31.12.	

DER KREIS Einkaufsgesellschaft für Küche & Wohnen mbH

71229 Leonberg
Mollenbachstraße 2
<71202> Postfach 7 12 02

Telefon (0 71 52) 60 97-00
Telefax (0 71 52) 60 97-12
Internet www.derkreis.de

Branche	Ein- und Verkaufsvereinigungen ,	
Umsatz (in Mio. €)	1450 (2001)	1390 (2002)
Beschäftigte	85 (2001)	89 (2002)
Geschäftsführer	Ernst-Martin Schaible	
Bilanztermin	31.12.	

Krones AG

93073 Neutraubling
Böhmerwaldstr. 5
<93068> Postfach 12 30

Telefon (0 94 01) 70-0
Telefax (0 94 01) 70-24 88
Internet www.krones.de

Branche	Maschinenbau	
Umsatz (in Mio. €)	1165 (2001)	1304 (2002)
Beschäftigte	8365 (2001)	8494 (2002)
Aufsichtsrat	Vorsitzender Dr. Lorenz M. Raith	
Vorstand	Volker Kronseder (Vors.), Rainulf Diepold, Werner Frischholz, Christoph Klenk, Hans-Jürgen Thaus	
Bilanztermin	31.12.	

Krüger GmbH & Co. KG

51469 Bergisch Gladbach
Senefelderstraße 44
<51435> Postfach 20 05 29

Telefon (0 22 02) 1 05-0
Telefax (0 22 02) 1 05-1 50
Internet www.krueger.de

Branche	Nahrungs- und Genußmittel	
Umsatz (in Mio. €)	1159 (2001)	1164 (2002)
Beschäftigte	4063 (2001)	4300 (2002)
Gesellschafter	Pfeifer & Langen 50%, Willibert Krüger 50%	
Geschäftsführung	Willibert Krüger, Rolf Walendy	
Bilanztermin	31.12.	

KSB AG

67227 Frankenthal
Johann-Klein-Straße 9
<67225> Postfach 17 25

Telefon (0 62 33) 86-0
Telefax (0 62 33) 86-34 01
Internet www.ksb.de

Branche	Maschinenbau	
Umsatz (in Mio. €)	1162 (2001)	1180 (2002)
Beschäftigte	12071 (2001)	11948 (2002)
Großaktionär	Klein Pumpen GmbH	
Aufsichtsrat	Vorsitzender Dr. Wolfgang Kühborth	
Vorstand	Dipl.-Ing. Josef Gerstner (Vors.), Dr.-Ing. Willi Enderle, Dr. rer. pol. Alois Wittmann, Dipl.-Ing. Peter Wurzbacher	
Bilanztermin	31.12.	

Kühne & Nagel AG

20459 Hamburg
Herrengraben 1
<20412> Postfach 11 12 53

Telefon (0 40) 3 76 06-0
Telefax (0 40) 3 76 06-1 00
Internet www.kuehne-nagel.com

Branche	Verkehr, Transport	
Umsatz (in Mio. €)	1243 (2001)	1069 (2002)
Beschäftigte	2832 (2001)	2843 (2002)
Großaktionäre	Klaus-Michael Kühne 76%	
Geschäftsführung	Ewald Kaiser (Vors.), Jürgen H. Frank, Wolf-Dietrich v. Helldorff, Alfred Manke, Thorsten Meincke, Werner Peters, Dr. Christian Reimer	
Bilanztermin	31.12.	

K + S Aktiengesellschaft

34119 Kassel
Bertha-von-Suttner-Straße 7
<34111> Postfach 10 20 29

Telefon (05 61) 3 01-0
Telefax (05 61) 3 01-17 53
Internet www.k-plus-s.com

Branche	Holding	
Umsatz (in Mio. €)	2179 (2001)	2258 (2002)
Beschäftigte	9775 (2001)	10610 (2002)
Großaktionär	BASF 17%	
Aufsichtsrat	Vorsitzender Dipl.-Kfm. Gerhard R. Wolf	
Vorstand	Dr. Ralf Bethke (Vors.), Gerd Grimmig, Dr. Thomas Nöcker, Norbert Steiner, Joachim Vogt	
Bilanztermin	31.12.	

K+S KALI GmbH

34131 Kassel
Bertha-von-Suttner-Straße 7

Telefon (05 61) 93 01-0
Telefax (05 61) 93 01-17 53
Internet www.kali-gmbh.com

Branche	
Umsatz (in Mio. €)	228 (2001) 1042 (2002)
Beschäftigte	7627 (2001) 7606 (2002)
Gesellschafter	K+S Aktiengesellschaft
Aufsichtsrat	Vorsitzender Dipl.-Kfm. Gerhard R. Wolf
Geschäftsführung	Peter Backhaus (Vors.), Dr. Klaus-Dieter Müller, Dr. Bernhard Wiechens
Bilanztermin	31.12.

Lafarge Roofing GmbH

61440 Oberursel/Taunus
Frankfurter Landstraße 2-4
<61437> Postfach

Telefon (0 61 71) 61-0 06
Telefax (0 61 71) 61-23 00
Internet www.lafarge-roofing.com

Branche	Baustoffe
Umsatz (in Mio. €)	1585 (2001) 1537 (2002)
Beschäftigte	12620 (2001) 12100 (2002)
Gesellschafter	Lafarge S.A. 56,5%, Braas Vermögensverwaltungs-GmbH 17,33%
Aufsichtsrat	Vorsitzender Bernard Kasriel
Geschäftsführung	Dr. Ulrich Glaunach (Vors.), Jean-Marc Chicco, Keith Deighton, Thomas Kirschner, Paul Kolowratnik, Didier Riou
Bilanztermin	31.12.

LEKKERLAND-TOBACCOLAND GmbH & Co. KG

50226 Frechen
Europaallee 57
<50404> Postfach 11 04 25

Telefon (0 22 34) 18 21-0
Telefax (0 22 34) 18 21-1 00
Internet www.letob.de

Branche	Großhandel
Umsatz (in Mio. €)	6458 (2001) 7360 (2002)
Beschäftigte	5155 (2001) 5200 (2002)
Beirat	Lorenz Bresser (Vors.), Rolf Böke, Dr. Udo Gyllensvärd, Dr. Gerhard Kohleisen, Dr. Robert Lachner, Werner Veil, Rudolf Wagner,
Geschäftsführung	Christian Berner (Vors.), Michael Gerlif, Ludwig Zeus
Bilanztermin	31.12.

LEONI AG

90402 Nürnberg
Marienstraße 7

Telefon (09 11) 20 23-0
Telefax (09 11) 20 23-2 31
Internet www.leoni.com

Branche	Holding (Kabel,Draht)
Umsatz (in Mio. €)	1098 (2001) 1113 (2002)
Beschäftigte	17515 (2001) 18478 (2002)
Aufsichtsrat	Vorsitzender Ernst Thoma
Vorstand	Dr. Klaus Probst (Vors.), Dieter Bellé, Uwe Lamann
Bilanztermin	31.12.

Linde AG

65189 Wiesbaden
Abraham-Lincoln-Straße 21
<65030> Postfach 40 20

Telefon (06 11) 7 70-0
Telefax (06 11) 7 70-2 69
Internet www.linde.de

Branche	Maschinenbau,
Umsatz (in Mio. €)	9075 (2001) 8726 (2002)
Beschäftigte	46400 (2001) 46521 (2002)
Großaktionäre	Allianz-Gruppe ca. 13%, Commerzbank AG ca. 10,2%, Deutsche Bank AG ca. 10%
Aufsichtsrat	Vorsitzender Dr. rer. pol. Hans Meinhardt
Vorstand	Dipl.-Ing. Wolfgang Reitzle (Vors.), Dr.-Ing. Aldo Belloni, Dipl.-Kfm. Hero Brahms, Dipl.-Kfm. Hubertus Krossa, Dr.-Ing. Hans-Peter Schmohl, Gerold Tandler
Bilanztermin	31.12.

LSG Lufthansa Service Holding AG

65830 Kriftel
Am Holzweg 26
<65825> Postfach 11 11

Telefon (0 61 92) 9 74-0
Telefax (0 61 02) 9 74-1 11
Internet www.lsg-skychefs.com

Branche	Dienstleistungen
Umsatz (in Mio. €)	3123 (2001) 2515 (2002)
Beschäftigte	37000 (2001) 26000 (2002)
Alleinaktionär	Deutsche Lufthansa AG
Aufsichtsrat	Vorsitzender Dipl.-Ing. Jürgen Weber
Geschäftsführung	Hanns Rech (Vors.), Hans Albrecht, Randall C. Boyd, Ulrich Bröscher, Patrick Tolbert
Bilanztermin	31.12.

Deutsche Lufthansa AG

50679 Köln
Von-Gablenz-Straße 2-6
<50664> Postfach

Telefon (02 21) 8 26-0
Telefax (02 21) 8 26-38 18
Internet www.lufthansa.com

Branche	Luftfahrt	
Umsatz (in Mio. €)	16690 (2001)	16970 (2002)
Beschäftigte	87975 (2001)	94135 (2002)
Großaktionär	MGL Münchener Gesellschaft für Luftfahrtwerte mbH 10,05%	
Aufsichtsrat	Vorsitzender Dr. Wolfgang Röller	
Vorstand	Dipl.-Ing. Wolfgang Mayrhuber (Vors.), Karl-Ludwig Kley, Stefan Lauer	
Bilanztermin	31.12.	

Lufthansa Air Plus Servicekarten GmbH

63263 Neu-Isenburg
Hans-Böckler-Straße 7
<63235> Postfach 15 52

Telefon (0 61 02) 2 04-4 44
Telefax (06102-2 04-3 49
Internet www.airplus.com

Branche	Dienstleistungen	
Umsatz (in Mio. €)	6048 (2001)	6888 (2002)
Beschäftigte	566 (2001)	580 (2002)
Gesellschafter	Deutsche Lufthansa AG	
Aufsichtsrat	Vorsitzender Karl-Ludwig Kley	
Geschäftsführung	Peter Metzeler, Michael Peine	
Bilanztermin	31.12.	

Lufthansa Cargo AG

60546 Frankfurt
Flughafen, Bereich West

Telefon (0 69) 6 96-9 11 23
Telefax (0 69) 6 96-9 11 85
Internet www.lhcargo.com

Branche	Luftfrachtverkehr, Logistik	
Umsatz (in Mio. €)	2437 (2001)	2349 (2002)
Beschäftigte	5411 (2001)	5207 (2002)
Alleinaktionär	Deutsche Lufthansa AG	
Aufsichtsrat	Vorsitzender Stefan Lauer	
Vorstand	Jean-Peter Jansen (Vors.), Heinz-Ludger Heuberg, Dr. Andreas Otto	
Bilanztermin	31.12.	

Lufthansa City Center Reisebüropartner GmbH

60528 Frankfurt
Lyoner Straße 9

Telefon (0 69) 6 63 77-1 00
Telefax (0 69) 6 63 77-1 10
Internet www.lhcc.de

Branche	Reisebüro	
Umsatz (in Mio. €)	1709 (2001)	1629 (2002)
Beschäftigte	35 (2001)	35 (2002)
Gesellschafter	Lufthansa Commercial Holding GmbH 50%, 300 Reisebüros 50%	
Geschäftsführung	Thomas Brandis, Klaus Henschel, Thomas Osswald	
Bilanztermin	31.12.	

Lufthansa CityLine GmbH

51147 Köln
Heinrich-Steinmann-Straße
<51130> Postfach 98 02 08

Telefon 02203-5 96-0
Telefax 02203-5 96-8 01
Internet www.lhcityline.com

Branche	Luftfahrt	
Umsatz (in Mio. €)	1070 (2001)	1167 (2002)
Beschäftigte	2063 (2001)	2285 (2002)
Gesellschafter	Deutsche Lufthansa AG	
Aufsichtsrat	Vorsitzender Wolfgang Mayrhuber	
Geschäftsführung	Dr. Thomas Dräger, Karl-Heinz Köpfle	
Bilanztermin	31.12.	

Lufthansa Technik AG

22335 Hamburg
Weg beim Jäger 193

Telefon (0 40) 50 70-0
Telefax (0 40) 50 70-44 01
Internet www.lhtechnik.com

Branche	Technische Dienstleistungen	
Umsatz (in Mio. €)	2485 (2001)	2363 (2002)
Beschäftigte	13194 (2001)	11041 (2002)
Alleinaktionär	Deutsche Lufthansa AG	
Aufsichtsrat	Vorsitzender Dipl.-Ing. Jürgen Weber	
Vorstand	August-Wilhelm Henningsen (Vors.), Dr. Gerald Gallus, Dr. Peter Jansen, Wolfgang Warburg	
Bilanztermin	31.12.	

M + W Zander Holding AG

70449 Stuttgart
Lotterbergstraße 30

Telefon (07 11) 88 04-0
Telefax (07 11) 88 04-13 09
Internet www.zander.com

Branche	Anlagenbau	
Umsatz (in Mio. €)	1670 (2001)	1308 (2002)
Beschäftigte	4673 (2001)	5346 (2002)
Großaktionär	Jenoptik AG 72,9%	
Aufsichtsrat	Vorsitzender Lothar Späth	
Geschäftsführung	Jürgen Gießmann	
Bilanztermin	31.12.	

Mabanaft GmbH

20459 Hamburg
Admiralitätsstraße 55

Telefon (0 40) 3 70 04-0
Telefax (0 40) 3 70 04-1 41
Internet www.mabanaft.de

Branche	Mineralölhandel	
Umsatz (in Mio. €)	1927 (2001)	1666 (2002)
Beschäftigte	74 (2001)	73 (2002)
Gesellschafter	Marquard & Bahls AG	
Geschäftsführer	Wolfgang Ahrens, Hans Werner Greif	
Bilanztermin	31.12.	

MAHLE GMBH

70376 Stuttgart
Pragstraße 26-46
<70369> Postfach

Telefon (07 11) 5 01-0
Telefax (07 11) 5 01-20 07
Internet www.mahle.com

Branche	Maschinenbau, KfZ-Zulieferindustrie	
Umsatz (in Mio. €)	2820 (2001)	3069 (2002)
Beschäftigte	28248 (2001)	29122 (2002)
Gesellschafter	Mahle Stiftung GmbH 99,9%	
Aufsichtsrat	Vorsitzender Dr. rer. pol. Klaus P. Bleyer	
Geschäftsführung	Prof. Dr.-Ing. Heinz K. Junker (Vors.), Dr. Hans-Peter Coenen, Dr.-Ing. Hans-Josef Enning, Dipl.-Kfm. Peter Grunow, Dr. Bernhard Volkmann, Georg Weisweiler	
Bilanztermin	31.12.	

MAN AG

80805 München
Ungererstraße 69
<80713> Postfach 40 13 47

Telefon (0 89) 3 60 98-0
Telefax (0 89) 3 60 98-2 50
Internet www.man.de

Branche	Holding	
Umsatz (in Mio. €)	16299 (2001)	16040 (2002)
Beschäftigte	78608 (2001)	75054 (2002)
Großaktionär	Regina Verwaltungsges. mbH, München über 25%	
Aufsichtsrat	Vorsitzender Dr. Volker Jung	
Vorstand	Dr.-Ing. E.h. Rudolf Rupprecht (Vors.), Dr. rer. pol. Ferdinand Graf von Ballestrem, Wolfgang Brunn, Dipl.-Ing. (FH) Gerd Finkbeiner, Matthias Mitscherlich, Dipl.-Ing. Hakan Samuelsson, Dr. Hans-Jürgen Schulte, Dr. jur. Philipp Zahn	
Bilanztermin	31.12.	

MAN B & W Diesel AG

86153 Augsburg
Stadtbachstraße 1
<86224> Postfach

Telefon (08 21) 3 22-0
Telefax (08 21) 3 22-33 82
Internet www.manbw.de

Branche	Maschinenbau	
Umsatz (in Mio. €)	1414 (2001)	1408 (2002)
Beschäftigte	7286 (2001)	6889 (2002)
Alleinaktionär	MAN AG	
Aufsichtsrat	Vorsitzender Dr. Ing. E.h. Rudolf Rupprecht	
Vorstand	Dr. jur. Hans-Jürgen Schulte (Vors.), Dipl.-Ing. Fritz Pape, Dr. Peter Sunn Pedersen, Dr. Stefan Spindler	
Bilanztermin	31.12.	

MAN Nutzfahrzeuge AG

80995 München
Dachauer Straße 667
<80976> Postfach 50 06 20

Telefon (0 89) 15 80-1
Telefax (0 89) 15 03 972
Internet www.man-nutzfahrzeuge.de

Branche	Nutzfahrzeuge	
Umsatz (in Mio. €)	6740 (2001)	6525 (2002)
Beschäftigte	35746 (2001)	34398 (2002)
Alleinaktionär	MAN AG	
Aufsichtsrat	Vorsitzender Dr.-Ing. E. h. Rudolf Rupprecht	
Vorstand	Dipl.-Ing. Hakan Samuelsson (Vors.), Prof. Dr.-Ing. Franz Breun, Georg Pachta-Reyhofen, Frederik van Putten, Anton Weinmann	
Bilanztermin	31.12.	

MAN Roland Druckmaschinen AG

63075 Offenbach
Mühlheimer Str. 341
<63012> Postfach 10 12 64

Telefon (0 69) 83 05-0
Telefax (0 69) 83 05-14 40
Internet www.man-roland.com

Branche	Maschinenbau	
Umsatz (in Mio. €)	2080 (2001)	1807 (2002)
Beschäftigte	10570 (2001)	10300 (2002)
Großaktionär	MAN AG 98%	
Aufsichtsrat	Vorsitzender Dr.-Ing. E.h. Rudolf Rupprecht	
Vorstand	Prof. Dipl.-Ing. (FH) Gerd Finkbeiner (Vors.), Dr. Ingo Koch, Dr.-Ing. Rainer Opferkuch, Paul Steidle	
Bilanztermin	31.12.	

Mannesmann Plastics Machinery AG

80997 München
Krauss-Maffei-Straße 2

Telefon (0 89) 89 21 66-0
Telefax (0 89) 89 21 66-10 52
Internet www.mannesmann-plastics.com

Branche	Maschinenbau	
Umsatz (in Mio. €)	1236 (2001)	1120 (2002)
Beschäftigte	6490 (2001)	6263 (2002)
Alleinaktionär	Siemens AG	
Aufsichtsrat	Vorsitzender Ralf Guntermann	
Vorstand	Pepyn René Dinandt (Vors.), Holger Engelmann	
Bilanztermin	31.12.	

Mannesmannröhren-Werke AG

45473 Mülheim
Wiesenstraße 36
<45466> Postfach 10 13 52

Telefon (02 08) 4 58-0
Telefax (02 08) 4 58-18 88
Internet www.mrw.de

Branche	Stahlbau, Handel	
Umsatz (in Mio. €)	1006 (2001)	1148 (2002)
Beschäftigte	5441 (2001)	4578 (2002)
Großaktionär	Salzgitter AG	
Aufsichtsrat	Vorsitzender Wolfgang Leese	
Vorstand	Helmut Koch (Vors. bis 31.12.2003), Werner Bock, Wolfgang Eging (Vors. ab 1.1.2004), Dr. Kunibert Martin	
Bilanztermin	31.12.	

FILTERWERK MANN + HUMMEL GmbH

71638 Ludwigsburg
Hindenburgstraße 37-45
<71631> Postfach

Telefon (0 71 41) 98-0
Telefax (0 71 41) 98-25 45
Internet www.mann-hummel.com

Branche	KfZ-Zulieferindustrie
Umsatz (in Mio. €)	989 (2001) 1127 (2002)
Beschäftigte	7807 (2001) 8754 (2002)
Gesellschafter	Familien Mann und Hummel je 50% (über MANN + HUMMEL HOLDING)
Aufsichtsrat	Vorsitzender Thomas Fischer
Geschäftsführung	Dr. Dieter Seipler (Vors.), Dipl.-Ing. (FH) Gerhard Brenner, Dipl.-Ing. (FH) Rainer Bruns, Dr. Reinhard Rupp, Dr. Dieter Seipler, Dipl.Bw. (FH) Manfred Wolf
Bilanztermin	31.12.

Marktkauf Handels-GmbH & Co. oHG

33689 Bielefeld
Fuggerstraße 11
<33665> Postfach 11 05 51

Telefon (0 52 05) 9 93-0
Telefax (0 52 05) 9 93 3 05
Internet www.ava.de

Branche	Einzelhandel
Umsatz (in Mio. €)	5446 (2001) 4751 (2002)
Beschäftigte	11346 (2001) 11000 (2002)
Gesellschafter	AVA AG (100%)
Aufsichtsrat	Vorsitzender Klaus Daudel
Geschäftsführer	Kurt Lindemann, Helmut Metje, Lothar Pollmann
Bilanztermin	31.12.

Marquard & Bahls AG

20459 Hamburg
Admiralitätsstraße 53
<20410> Postfach 11 10 21

Telefon (0 40) 3 70 04-0
Telefax (0 40) 3 70 04-2 42
Internet www.marquard-und-bahls.com

Branche	Mineralölhandel	
Umsatz (in Mio. €)	4070 (2001)	4199 (2002)
Beschäftigte	1464 (2001)	1548 (2002)
Alleinaktionär	Familie Weisser	
Aufsichtsrat	Vorsitzender Rolf Kirchfeld	
Vorstand (Holding)	Hellmuth Weisser (Vors.), Wim Lokhurst, Dr. Claus-Georg Nette	
Bilanztermin	31.12.	

Masterfoods GmbH

27283 Verden/Aller
Eitzer Straße 125
<27281> Postfach 12 80

Telefon (0 42 31) 94-0
Telefax (0 42 31) 94-43 26
Internet www.masterfoods.com

Branche	Tiernahrung	
Umsatz (in Mio. €)	1541 (2001)	1489 (2002)
Beschäftigte	1962 (2001)	1962 (2002)
Gesellschafter	Mars GmbH	
Geschäftsführung	Michael Schütt, Enrico Wolters	
Bilanztermin	31.12.	

Mazda Motors (Deutschland) GmbH

51371 Leverkusen
Hitdorfer Straße 72
<51309> Postfach 10 09 60

Telefon (0 21 73) 9 43-0
Telefax (0 21 73) 9 43-3 17
Internet www.mazda.de

Branche	KfZ-Import	
Umsatz (in Mio. €)	991 (2001)	1192 (2002)
Beschäftigte	225 (2001)	196 (2002)
Gesellschafter	Mazda Motor Corp., Hiroshima 60%, Itochu Corp., Tokyo 40%	
Geschäftsführung	Klaus Tarlatt, Tsuneo Matsubara, Diane Patton	
Bilanztermin	31.12.	

McDonald's Deutschland Inc.

81477 München
Drygalski-Allee 51

Telefon (0 89) 7 85 94-0
Telefax (0 89) 7 85 94-3 03
Internet www.mcdonalds.de

Branche	Dienstleistungen (Schnellservice-Restaurants)	
Umsatz (in Mio. €)	2260 (2001)	2259 (2002)
Beschäftigte	50000 (2001)	48000 (2002)
Vorstand	Adriaan Hendrix (Vors.), Johan J. Jervoe, Hermann Liades, David Newman, Andreas Schwerla	
Bilanztermin	31.12.	

Media Saturn Holding GmbH

85053 Ingolstadt
Wankelstraße 5

Telefon (08 41) 6 34-0
Telefax (08 41) 6 19 95
Internet www.metrogroup.de

Branche	Holding (Elektromärkte)	
Umsatz (in Mio. €)	8341 (2001)	9583 (2002)
Beschäftigte	23100 (2001)	25397 (2002)
Gesellschafter	METRO AG 71,7%	
Geschäftsführung	Leopold Stiefel (Vors.), Utho Creusen, Wolfgang Laux, Horst Norberg, Hans Pütz, Steffen Stremme, Klaus-Peter Voigt	
Bilanztermin	31.12.	

MEDION AG

45127 Essen
Gänsemarkt 16-18
<45025> Postfach 10 25 39

Telefon (02 01) 8 10 81-0
Telefax (02 01) 8 10 81-8 10
Internet www.medion.com

Branche	Handel (Elektronik, PC, Kommunikation)	
Umsatz (in Mio. €)	2116 (2001)	2627 (2002)
Beschäftigte	570 (2001)	837 (2002)
Großaktionär	Gerd Brachmann 56,7%	
Aufsichtsrat	Vorsitzender Dr. Rudolf Stutzle	
Vorstand	Gerd Brachmann (Vors.), Christian Eigen	
Bilanztermin	31.12.	

Melitta-Gruppe

32425 Minden
Marienstraße 88
<32371> Postfach 11 26

Telefon (05 71) 40 46-0
Telefax (05 71) 40 46-4 99
Internet www.melitta.de

Branche	Nahrungs- und Genußmittel
Umsatz (in Mio. €)	1098 (2001) 1120 (2002)
Beschäftigte	3827 (2001) 3648 (2002)
Kommanditisten	Jero Bentz, Claudia Tauß, Jara Bentz, Dr. Thomas Bentz
Geschäftsführung	Dipl.-Kfm. Jörg Bentz, Dipl.-Ing. Dr. Thomas Bentz, Dipl.-Kfm. Dr. Stephan Bentz, Frank Schiesser
Bilanztermin	31.12.

Merck KGaA

64293 Darmstadt
Frankfurter Straße 250
<64271> Postfach

Telefon (0 61 51) 72-0
Telefax (0 61 51) 72-20 00
Internet www.merck.de

Branche	Chemie, Pharma
Umsatz (in Mio. €)	7527 (2001) 7473 (2002)
Beschäftigte	34294 (2001) 34504 (2002)
Komplementär	Familie Merck 73,84%
Aufsichtsrat	Vorsitzender Dr. Heinrich Hornef
Geschäftsleitung	Prof. Dr. Bernhard Scheuble (Vors.), Dr. Michael Becker, Matthew Emmens, Dr. Michael Römer, Prof. Dr. Thomas Schreckenbach, Dr. Johannes Sombroek
Bilanztermin	31.12.

Messer Griesheim Gruppe GmbH & Co. KG

47805 Krefeld
Fütingsweg 34
<47793> Postfach

Telefon (02151-3 79-0
Telefax (0 21 51) 3 79-1 15
Internet www.messer.de

Branche	Chemie, Maschinenbau
Umsatz (in Mio. €)	1047 (2001) 1526 (2002)
Beschäftigte	8348 (2001) 7225 (2002)
Gesellschafter	Allianz Capital Partners 33,67%, GS Capital Partners 33,67%, Messer Industrie GmbH 32,66%
Aufsichtsrat	Vorsitzender Dr. Jürgen Heraeus
Geschäftsführung	Dr. Klaus-Jürgen Schmieder (Vors.), Stefan Messer, Harald Pinger, Peter Stocks
Bilanztermin	31.12.

Metro AG

40235 Düsseldorf
Schlüterstraße 41
<40089> Postfach 23 03 61

Telefon (02 21) 2 25-0
Telefax (02 21) 2 25-28 00
Internet www.metro.de

Branche	Geschäftsführende Holding (Handel)	
Umsatz (in Mio. €)	49522 (2001)	51525 (2002)
Beschäftigte	186814 (2001)	191512 (2002)
Aufsichtsrat	Vorsitzender Günther Hülse	
Vorstand	Dr. Hans-Joachim Körber (Vors.), Stefan Feuerstein, Zygmunt Mierdorf, Thomas Unger	
Bilanztermin	31.12.	

mg technologies AG

60323 Frankfurt
Bockenheimer Landstraße 73-77
<60271> Postfach

Telefon (0 69) 7 11 99-0
Telefax (0 69) 7 11 99-1 00
Internet www.mg-ag.de

Branche	Anlagenbau, Chemie	
Umsatz (in Mio. €)	8818 (2001)	8586 (2002)
Beschäftigte	34360 (2001)	32015 (2002)
Großaktionäre	Dresdner Bank 13,5%, Deutsche Bank 16,5%, Daimler Benz 4,3%, Allianz Holding 4%, Kuwait Investment Authority 13,6%	
Aufsichtsrat	Vorsitzender Helmut Werner	
Vorstand	Udo Stark (Vors.), Karlheinz Hornung, Dr. Fritz Lehmen, Dr. Rolf G. Niemann , Jürg Oleas, Dr. Michael Ramroth	
Bilanztermin	30.9.	

MHK Marketing Handel Kooperation GmbH & Co.

63303 Dreieich
Am Gefierth 9a
<63268> Postfach 10 22 26

Telefon (0 61 03) 3 91-0
Telefax (0 61 03) 3 91-1 19
Internet www.mhk.de

Branche	Ein- und Verkaufsvereinigungen (Küchenfachhandel)	
Umsatz (in Mio. €)	1578 (2001)	1880 (2002)
Beschäftigte	215 (2001)	246 (2002)
Geschäftsführer	Werner Heilos, Peter Ostermann, Hans Strothoff	
Bilanztermin	31.12.	

MICHELIN REIFENWERKE KGaA

76185 Karlsruhe
Michelinstraße 4
<76159> Postfach 21 09 35

Telefon (07 21) 5 30-0
Telefax (07 21) 5 30-12 90
Internet www.michelin.de

Branche	Reifenindustrie	
Umsatz (in Mio. €)	1783 (2001)	1786 (2002)
Beschäftigte	6515 (2001)	6621 (2002)
Gesellschafter	Francois Michelin, René Zingraff (persönl. haftend)	
Aufsichtsrat	Vorsitzender Alain Talmont	
Geschäftsführung	Dr. Klaus Neb (Vors.)	
Bilanztermin	31.12.	

Microsoft GmbH

85716 Unterschleißheim
Edisonstraße 1

Telefon (0 89) 31 76-0
Telefax (0 89) 31 76-10 00
Internet www.microsoft.de

Branche	Software	
Umsatz (in Mio. €)	1062 (2001)	1173 (2002)
Beschäftigte	1300 (2001)	1300 (2002)
Gesellschafter	Microsoft Corp.100%	
Geschäftsführer	Jürgen F. Gallmann (Vors.), Dorothee Belz, Wolgang Branoner, Richard Roy	
Bilanztermin	31.12.	

Miele & Cie. GmbH & Co.

33335 Gütersloh
Carl-Miele-Straße 29
<33332> Postfach

Telefon (0 52 41) 89-0
Telefax (0 52 41) 89-20 90
Internet www.miele.de

Branche	Elektroindustrie	
Umsatz (in Mio. €)	2163 (2001)	2239 (2002)
Beschäftigte	15259 (2001)	15328 (2002)
Gesellschafter	Familien Miele und Zinkann 100%	
Geschäftsführung	Rudolf Miele, Gerhard Miele, Dr. Peter Zinkann, Dr. Reinhard Zinkann (geschäftsführende Gesellschafter); Dr. Reto Bazzi, Horst Schübel, Dr. Eduard Sailer	
Bilanztermin	30.6.	

MINOLTA Europe GmbH

30855 Langenhagen
Minoltaring 11

Telefon (05 11) 74 04-0
Telefax (05 11) 74 10 50
Internet www.minoltaeurope.com

Branche	Bildverarbeitungs- und Kommunikationstechnologie
Umsatz (in Mio. €)	1165 (2001) 1251 (2002)
Beschäftigte	4918 (2001) 4796 (2002)
Gesellschafter	Minolta Camera Co. 100%
Geschäftsführung	Akio Kitani (Vors.), Peter de Beukelaar, Tsukasu Oneyama
Bilanztermin	31.3.

MiRo Mineraloelraffinerie Oberrhein GmbH & Co. KG

76187 Karlsruhe
Nördliche Raffineriestraße 1
<76182> Postfach

Telefon (07 21) 9 58-01
Telefax (07 21) 9 58-36 27
Internet www.miro-ka.de

Branche	Mineralölverarbeitung
Umsatz (in Mio. €)	4108 (2001) 4299 (2002)
Beschäftigte	1000 (2001) 1000 (2002)
Gesellschafter	DEA Mineraloel AG 32,25%, ESSO Deutschland GmbH 25%; Ruhr Oel GmbH 24%, Conoco Continental Holding GmbH 18,75%
Geschäftsführung	Dr. Hans-Gerd Löhr, Markus Scheib
Bilanztermin	31.12.

Mitsui & Co. Deutschland GmbH

40215 Düsseldorf
Königsallee 63-65
<40029> Postfach 10 38 42

Telefon (02 11) 93 86-0
Telefax (02 11) 93 86-2 68
Internet www.mitsui.de

Branche	Handel (Export,Import)
Umsatz (in Mio. €)	1308 (2001) 1239 (2002)
Beschäftigte	189 (2001) 189 (2002)
Geschäftsführung	Sosuke Tsuchiya (Vors.), Werner Schrötel
Bilanztermin	31.12.

Mitteldeutsche Erdoel-Raffinerie GmbH

06237 Spergau
Maienweg 1

Telefon (0 34 61) 48-0
Telefax (0 34 61) 48-11 36
Internet www.mwv.de

Branche	Mineralölverarbeitung	
Umsatz (in Mio. €)	1450 (2001)	2203 (2002)
Beschäftigte	500 (2001)	639 (2002)
Gesellschafter	TotalFinaElf Mineralöl und Chemie GmbH	
Geschäftsführung	Pierre Hémeury, André Tricoire, Thomas Vanicek	
Bilanztermin	31.12.	

MLP Marschollek, Lautenschläger und Partner AG

69126 Heidelberg
Forum 7

Telefon (0 62 21) 3 08-0
Telefax (0 62 21) 3 08-87 01
Internet www.mlp.de

Branche	Finanzdienstleister	
Umsatz (in Mio. €)	1050 (2001)	1060 (2002)
Beschäftigte	3866 (2001)	3800 (2002)
Aufsichtsrat	Vorsitzender Manfred Lautenschläger	
Vorstand	Dr. Bernhard Termühlen (Vors.), Eugen Bucher, Gerhard Frieg, Uwe Schroeder-Wildberg	
Bilanztermin	31.12.	

MobilCom AG

24782 Büdelsdorf
Hollerstraße 126
<24822> Postfach 12 49

Telefon (0 43 31) 69-00
Telefax (0 43 31) 69-20 00
Internet www.mobilcom.de

Branche	Telekommunikation	
Umsatz (in Mio. €)	2590 (2001)	2049 (2002)
Beschäftigte	5681 (2001)	4500 (2002)
Großaktionär	France Télécom 28,5%	
Aufsichtsrat	Vorsitzender Dieter Vogel	
Vorstand	Dr. Thorsten Grenz (Vors.), Ulrich Kalthoff	
Bilanztermin	31.12.	

Moeller-Holding GmbH & Co. KG

53115 Bonn
Hein-Moeller-Straße 7-11
<53008> Postfach 18 80

Telefon (02 28) 6 02-1
Telefax (02 28) 6 02-24 33
Internet www.moeller.net

Branche	Holding (Elektronik)	
Umsatz (in Mio. €)	1229 (2001)	1150 (2002)
Beschäftigte	12504 (2001)	12059 (2002)
Gesellschafter	Familie Moeller	
Geschäftsführung	Theo Kubat (Vors.), Dr. Sven Bartsch, Robert Gärtner	
Bilanztermin	30.4.	

A. Moksel AG

86807 Buchloe
Rudolf-Diesel-Straße 10
<86803> Postfach 3 60

Telefon (0 82 41) 5 03-0
Telefax (0 82 41) 5 03-2 10
Internet www.moksel.com

Branche	Großschlachtereien, Handel	
Umsatz (in Mio. €)	1892 (2001)	1890 (2002)
Beschäftigte	2288 (2001)	2200 (2002)
Großaktionär	Gebr. März AG 33,8%	
Aufsichtsrat	Vorsitzender Werner Folger	
Vorstand	Dr. Uwe Tillmann (Vors.), Gerard A. Janssen	
Bilanztermin	31.12.	

Molkerei Alois Müller GmbH & Co.

86850 Fischbach
Zollerstraße 7

Telefon (0 82 36) 9 99-0
Telefax (0 82 36) 9 99-6 50
Internet www.muellermilch.de

Branche	Molkereiprodukte	
Umsatz (in Mio. €)	1709 (2001)	1829 (2002)
Beschäftigte	4100 (2001)	4200 (2002)
Kommanditisten	Theo Müller	
Geschäftsführer	Thomas Hinderer (Vors.), Theo Müller, Volkhard Mett, Falk Pössnecker, Uwe Riehs, Dr. Werner Wäßle	
Bilanztermin	31.12.	

PHILIP MORRIS GmbH

81369 München
Fallstraße 40
<81314> Postfach 70 14 29

Telefon (0 89) 72 47-0
Telefax (0 89) 72 47-12 27
Internet www.philipmorris.com

Branche	Nahrungs- und Genußmittel (Zigaretten)	
Umsatz (in Mio. €)	6590 (2001)	6599 (2002)
Beschäftigte	2900 (2001)	2858 (2002)
Gesellschafter	Philip Morris International Finance Corp. (100%)	
Aufsichtsrat	Vorsitzender Paul Hendrys	
Geschäftsführung	Gerrit de Bruin (Vors.), Siegfried Hanke, Kurt Hunkeler, Dr. Peter Paetzel, Joachim Psotta, Hermann Striebel	
Bilanztermin	31.12.	

Motorola GmbH

65203 Wiesbaden
Hagenauer Straße 47

Telefon (06 11) 36 11-0
Telefax (06 11) 36 11-4 92
Internet www.mot.de

Branche	Elektronik	
Umsatz (in Mio. €)	2900 (2001)	2599 (2002)
Beschäftigte	4400 (2001)	3600 (2002)
Großaktionär	Motorola International Development Corp.100%	
Aufsichtsrat	Vorsitzender Günter Schönborn	
Geschäftsführung	Norbert Quinkert (Vors.), Bent Andersen, Eike Bär, Walter Hühn, Armin Senger, Jürgen Weyer	
Bilanztermin	31.12.	

MTU Aero Engines GmbH München

80995 München
Dachauer Straße 665
<80976> Postfach 50 06 40

Telefon (0 89) 14 89-0
Telefax (0 89) 14 89–55 00
Internet www.mtu.de

Branche	Luft- und Raumfahrtindustrie	
Umsatz (in Mio. €)	2486 (2001)	2214 (2002)
Beschäftigte	7839 (2001)	8376 (2002)
Gesellschafter	DaimlerChrysler AG 100%	
Aufsichtsrat	Vorsitzender Dr. rer. pol. Manfred Bischoff	
Geschäftsführung	Dr. Klaus Steffens (Vors.), Paul-Egon Grall, Dr. Paul Krammer, Dr. Rudolf Müller, Dr. Michael Süß, Reiner Winkler	
Bilanztermin	31.12.	

MTU Friedrichshafen GmbH

88045 Friedrichshafen
Olgastraße 75
<88010> Postfach 20 40

Telefon (0 75 41) 90-0
Telefax (0 75 41) 90-50 00
Internet www.mtu-online.com

Branche	Maschinenbau	
Umsatz (in Mio. €)	1127 (2001)	1273 (2002)
Beschäftigte	6200 (2001)	6688 (2002)
Gesellschafter	DaimlerChrysler AG 100%	
Aufsichtsrat	Vorsitzender Dr. Eckhard Cordes	
Geschäftsführung	Dr. rer. pol. Rolf A. Hansen (Vors.), Peter Grosch, Werner Speckner, Dr.-Ing. Gerd-Michael Wolters	
Bilanztermin	31.12.	

Müller GmbH & Co. KG

89081 Ulm
Albstraße 92

Telefon (07 31) 1 74-0
Telefax (07 31) 1 74-1 74
Internet www.mueller.de

Branche	Handel	
Umsatz (in Mio. €)	1190 (2001)	1312 (2002)
Beschäftigte	14500 (2001)	15000 (2002)
Geschäftsführung	Erwin Müller (Vors.), Reinhard Müller, Lieselotte Tegethoff	
Bilanztermin	30.6.	

MVV Energie AG

68159 Mannheim
Luisenring 49
<68142> Postfach

Telefon (06 21) 2 90-0
Telefax (06 21) 2 90-23 24
Internet www.mvv.de

Branche	Energieversorgung	
Umsatz (in Mio. €)	1180 (2001)	1679 (2002)
Beschäftigte	3558 (2001)	5170 (2002)
Alleinaktionär	Stadt Mannheim	
Aufsichtsrat	Vorsitzender Gerhard Widder	
Geschäftsführung	Roland Hartung (Vors.), Dr. Werner Dub, Hans-Jürgen Farrenkopf	
Bilanztermin	30.9.	

Neckarwerke Stuttgart AG

70173 Stuttgart
Lautenschlagerstraße 21
<70167> Postfach

Telefon (07 11) 2 89-0
Telefax (07 11) 2 89-4 32 20
Internet www.nws-ag.de

Branche	Energieversorgung	
Umsatz (in Mio. €)	2127 (2001)	2228 (2002)
Beschäftigte	4234 (2001)	5219 (2002)
Großaktionäre	Technische Werke der Stadt Stuttgart GmbH 49%, Neckar-Elektr. Verb. (NEV) 30%, Energie Baden-Württemberg AG 19%	
Aufsichtsrat	Vorsitzender Gerhard Goll	
Vorstand	Dr. Bernhard Beck (Vors.), Prof. Dr.-Ing Otto Hasenkopf, Dr. Christian Holzherr, Dr. Michael Kunath	
Bilanztermin	31.12.	

Neckermann Versand AG

60386 Frankfurt am Main
Hanauer Landstraße 360-400

Telefon (0 69) 4 04-01
Telefax (0 69) 4 04-42 35
Internet www.neckermann.de

Branche	Versandhandel, Einzelhandel	
Umsatz (in Mio. €)	2392 (2001)	2400 (2002)
Beschäftigte	11072 (2001)	9990 (2002)
Großaktionär	Karstadt Quelle AG 100%	
Aufsichtsrat	Vorsitzender Wolfgang Urban	
Vorstand	Dr. Christoph Achenbach (Vors.), Dr. Michael Badke, Arwed Fischer, Helmut Klier, Gebhard Stammler, Ulrich Wiggers	
Bilanztermin	31.12.	

Nestlé-Gruppe Deutschland

60528 Frankfurt
Lyoner Straße 23
<60523> Postfach

Telefon (0 69) 66 71-1
Telefax (0 69) 66 71-31 90
Internet www.nestle.de

Branche	Nahrungs- und Genußmittel	
Umsatz (in Mio. €)	2909 (2001)	3700 (2002)
Beschäftigte	10978 (2001)	18400 (2002)
Gesellschafter	Nestlé-AG, Schweiz	
Aufsichtsrat	Vorsitzender Robert Raeber	
Vorstand	Patrice Bula (Vors.), Hans-Dieter Bischof, Karl-Heinz Ringel, Dr. Rainer Saelzle, Klaus Sattler, Friedrich Schmidt	
Bilanztermin	31.12.	

Norddeutsche Affinerie AG

20539 Hamburg
Hovestr. 50
<20033> Postfach 10 48 40

Telefon (0 40) 78 83-0
Telefax (0 40) 78 83-22 55
Internet www.na-ag.com

Branche	Chemie, Edelmetalle	
Umsatz (in Mio. €)	2009 (2001)	1919 (2002)
Beschäftigte	3195 (2001)	3612 (2002)
Großaktionäre	OMG 10%, L. Possehl & Co. 10%, Dresdner Bank AG 8%	
Aufsichtsrat	Vorsitzender Dr. Ernst J. Wortberg	
Vorstand	Dr. Werner Marnette (Vors.), Dr. Toralf Haag, Dr. Michael Landau, Dr. Bernd Langner	
Bilanztermin	30.9.	

NORDMILCH eG

28199 Bremen
Flughafenallee 17

Telefon (04 21) 2 43-0
Telefax (04 21) 2 43-22 22
Internet www.nordmilch.de

Branche	Lebensmittel (Milchwerk)	
Umsatz (in Mio. €)	2392 (2001)	2299 (2002)
Beschäftigte	4436 (2001)	4381 (2002)
Aufsichtsrat	Vorsitzender Otto Lattwesen	
Vorstand	Stephan Tomat (Vors.), Hans-Werner Gehlken, Sven Guericke, Gustav Pape, Hero Schulte, Andreas Strunk, Hans-Georg Wilckens	
Bilanztermin	31.12.	

NORDWEST Handel AG

58135 Hagen
Berliner Straße 26-36
<58085> Postfach

Telefon (0 23 31) 4 61-0
Telefax (0 23 31) 4 61-99 99
Internet www.nordwest.com

Branche	Ein- und Verkaufsvereinigungen	
Umsatz (in Mio. €)	2270 (2001)	2254 (2002)
Beschäftigte	391 (2001)	387 (2002)
Aufsichtsrat	Vorsitzender Dr. Paul Kellerwessel	
Vorstand	Klaus Wienhold (Vors.), Klaus-Uwe Heuer, Helmut Pörsch	
Bilanztermin	31.12.	

Nordzucker AG

38100 Braunschweig
Küchenstraße 9
<38039> Postfach 49 21

Telefon (05 31) 24 11-0
Telefax (05 31) 24 11-1 00
Internet www.nordzucker.com

Branche	Zuckerindustrie	
Umsatz (in Mio. €)	1073 (2001)	1184 (2002)
Beschäftigte	4000 (2001)	4052 (2002)
Aktionär(e)	Nordzucker Holding AG, Braunschweig, Nordharzer Zucker AG, Schladen, Zucker-Aktiengesellschaft Uelzen-Braunschweig	
Aufsichtsrat	Vorsitzender Henning Hansen-Hofgrefe	
Vorstand	Goetz von Engelbrechten (Vors.), Jens Fokuhl, Günter Jakobiak,	
Bilanztermin	28.2.	

NORMA Lebensmittelfilialbetrieb GmbH & Co. KG

90441 Nürnberg
Heisterstraße 4

Telefon (09 11) 97 39-0
Telefax (09 11) 75 91 993
Internet www.norma.de

Branche	Einzelhandel (Lebensmittel)	
Umsatz (in Mio. €)*	2164 (2001)	2074 (2002)
Beschäftigte*	3300 (2001)	3100 (2002)
Geschäftsführung	Hans Bühlmeyer, Dipl.-Kfm.Manfred Georg Roth	
Bilanztermin	31.12.	

* alle Zahlenwerte geschätzt

Novartis Deutschland GmbH

79664 Wehr/Baden
Öflinger Straße 44

Telefon (0 77 62) 82 60
Telefax (0 77 62) 35 95
Internet www.novartis.de

Branche	Pharma	
Umsatz (in Mio. €)	1446 (2001)	1493 (2002)
Beschäftigte	3358 (2001)	3712 (2002)
Geschäftsführung	Silvio C. Gabriel (Vors.), Dieter Fiedler, Dr. Jürgen Schneider	
Bilanztermin	31.12.	

NOWEDA eG Apothekergenossenschaft

45143 Essen
Heinrich-Strunk-Straße 77
<45027> Postfach 10 27 21

Telefon (02 01) 8 02-0
Telefax (02 01) 8 02-13 14
Internet www.noweda.de

Branche	Großhandel (Pharma)	
Umsatz (in Mio. €)	1307 (2001)	1434 (2002)
Beschäftigte	1764 (2001)	1798 (2002)
Aufsichtsrat	Vorsitzender Dr. Klaus G. Brauer	
Vorstand	Dr. rer. pol. Dietrich L. Meyer (Vors.), Peter Bömelburg, Dipl.-Kfm. Wilfried Hollmann, Dipl.-Volksw. Wolfgang P. Kuck, Klaus Zirkel	
Bilanztermin	30.6.	

O 2 Germany GmbH & Co.OHG*

80992 München
Georg-Brauchle-Ring 23-25

Telefon (0 89) 24 42-0
Telefax (0 89) 24 42-81 11
Internet www.o2.de

Branche	Telekommunikation	
Umsatz (in Mio. €)	1417 (2001)	1650 (2002)
Beschäftigte	3750 (2001)	3500 (2002)
Gesellschafter	mmO2 plc	
Geschäftsführung	Rudolf Gröger (Vors.), Dietrich Beese, Karl-Wilhelm Rohrsen, Alexander Röder, Axel Salzmann, Erwin Schmietow	
Bilanztermin	31.12.	

* ehem. VIAG Interkom

Obi Bau-und Heimwerkermärkte GmbH & Co.KG

42929 Wermelskirchen
Albert-Einstein-Str. 7
<42905> Postfach 12 70

Telefon (0 21 96) 76-01
Telefax (0 21 96) 7 61-15 04
Internet www.obi.de

Branche	Bau-und Heimwerkermärkte	
Umsatz (in Mio. €)	4155 (2001)	4872 (2002)
Beschäftigte	24600 (2001)	23800 (2002)
Aufsichtsrat	Vorsitzender Manfred Maus	
Geschäftsführung	Sergio Giroldi (Vors.), Sergio Giroldi, Klaus Jonas, Fengjiang Li, Ingo Schalk, Jürgen Schulte-Laggenbeck, Wolfram Stroese	
Bilanztermin	30.4.	

OELMÜHLE HAMBURG AG

21107 Hamburg
Nippoldstraße 117
<21083> Postfach 93 03 20

Telefon (0 40) 7 51 94-0
Telefax (0 40) 7 51 94-3 00
Internet www.oelag.de

Branche	Ölmühlen	
Umsatz (in Mio. €)	1387 (2001)	1388 (2002)
Beschäftigte	561 (2001)	584 (2002)
Großaktionär	ADM Beteiligungsgesellschaft mbH über 70%	
Aufsichtsrat	Vorsitzender Johann Tonder	
Vorstand	Max Nicolaus Tiefenbacher, Jan Kees van der Wild, Arndt v. Wissel	
Bilanztermin	31.12.	

Oetker-Gruppe

33617 Bielefeld
Lutterstraße 14
<33503> Postfach 10 03 21

Telefon (05 21) 1 55-0
Telefax (05 21) 1 55-29 95
Internet www.oetker.de

Branche	Nahrungs- und Genußmittel	
Umsatz (in Mio. €)	4406 (2001)	5123 (2002)
Beschäftigte	15008 (2001)	18040 (2002)
Gesellschafter	August Oetker, Dr. Ernst F. Schröder	
Bilanztermin	31.12.	

Olympus Optical Co. (Europa) GmbH

20097 Hamburg
Wendenstraße 14-16
<20034> Postfach 10 49 08

Telefon (0 40) 2 37 73-0
Telefax (0 40) 23 37 65
Internet www.olympus-europa.com

Branche	Optik	
Umsatz (in Mio. €)	1143 (2001)	1280 (2002)
Beschäftigte	3245 (2001)	3603 (2002)
Aufsichtsrat	Vorsitzender Peter E. Turnbull	
Geschäftsführung	Dipl.-Kfm. Werner E. Teuffel (Vors.), Dr. Manfred Gehrtz, Dr. Matthias Hondl, Masatoshi Kishimoto, Ralph Martinke, Takeyuki Mori, Waltern Sandig, Horst Rainer Sauer, Toshiro Shimoyama	
Bilanztermin	31.3	

OMG AG & Co. KG*

63457 Hanau
Rodenbacher Chaussee 4
<63450> Postfach 13 51

Telefon (0 61 51) 59-02
Telefax (0 61 51) 59-29 31
Internet www.omg.com

Branche	Chemie, KfZ-Zulieferindustrie	
Umsatz (in Mio. €)	7028 (2001)	2437 (2002)
Beschäftigte	6057 (2001)	1235 (2002)
Großaktionär	Degussa AG	
Aufsichtsrat	Vorsitzender Carl Voigt	
Geschäftsführung	Ernst-Eggert Gumrich (Vors.)	
Bilanztermin	31.12.	

* ehem. dmc2 Degussa Metals Catalysts Cerdec AG

OMV Deutschland GmbH

84489 Burghausen
Haiminger Straße 1

Telefon (0 86 77) 9 60-0
Telefax (0 86 77) 9 60-2 65
Internet www.omvd.de

Branche	Mineralölverarbeitung	
Umsatz (in Mio. €)	1359 (2001)	1226 (2002)
Beschäftigte	528 (2001)	517 (2002)
Gesellschafter	OMV AG, Wien 100%	
Aufsichtsrat	Vorsitzender Dr. Gerhard Roiss	
Geschäftsführung	Siegfried Ehn (Vors.), Dipl.-Ing. Günter Bechberger	
Bilanztermin	31.12.	

Adam Opel AG

65423 Rüsselsheim
Bahnhofsplatz 1

Telefon (0 61 42) 66-1
Telefax (0 61 42) 66-48 59
Internet www.opel.com

Branche	Automobilindustrie	
Umsatz (in Mio. €)	16023 (2001)	14875 (2002)
Beschäftigte	37707 (2001)	34103 (2002)
Alleinaktionär	General Motors Corporation	
Aufsichtsrat	Vorsitzender Hans Barth	
Vorstand	Carl-Peter Forster (Vors.), Uhland Burkart, Hans H. Demant, Norbert Küpper, Bernhard Lothschütz, Klaudia Martini, Dietmar Porth, Robert E. Socia, Alain Uyttenhoven	
Bilanztermin	31.12.	

Opel Eisenach GmbH

99817 Eisenach
Adam-Opel-Straße 100

Telefon (0 36 91) 66-01
Telefax (0 36 91) 66-1 12

Branche	Automobilindustrie	
Umsatz (in Mio. €)	1085 (2001)	1112 (2002)
Beschäftigte	1900 (2001)	1900 (2002)
Geschäftsführung	David A. Gibbons (Vors.), Cesar Obarti	
Bilanztermin	31.12.	

Optimum Media Direction

40218 Düsseldorf
Grünstraße 15
<40040> Postfach 10 49 19

Telefon (02 11) 3 88 07-0
Telefax (02 11) 3 88 07-5 51
Internet www.omdmedia.com

Branche	Medien	
Umsatz (in Mio. €)	2321 (2001)	2106 (2002)
Beschäftigte	415 (2001)	404 (2002)
Gesellschafter	BBDO, COM Communication Management GmbH, Heye & Partner, TBWA Deutschland Holding GmbH	
Geschäftsführung	Klaus-Peter Schulz (Vors.), Dominik Fassl, Klaus Geldmacher	
Bilanztermin	31.12.	

OSRAM GmbH, Berlin/München

81536 München
Hellabrunner Straße 1
<81501> Postfach 90 06 20

Telefon (0 89) 62 13-0
Telefax (0 89) 62 13-20 20
Internet www.osram.de

Branche	Elektroindustrie	
Umsatz (in Mio. €)	4521 (2001)	4362 (2002)
Beschäftigte	34878 (2001)	35260 (2002)
Gesellschafter	Siemens AG 100%	
Aufsichtsrat	Vorsitzender Dipl.-Kfm. Jürgen Radomski	
Geschäftsführung	Dr. Wolf-Dieter Bopst (Vors.), Dr. Jörg Schaefer, Dr. Thomas Seeberg	
Bilanztermin	30.9.	

Otto Versand GmbH & Co

22172 Hamburg
Wandsbeker Straße 3-7

Telefon (0 40) 64 61-0
Telefax (0 40) 64 61-85 71
Internet www.otto.de

Branche	Versandhandel	
Umsatz (in Mio. €)	23525 (2001)	19220 (2002)
Beschäftigte	53770 (2001)	52000 (2002)
Gesellschafter	Otto AG für Beteiligungen, Hamburg 50%, E. Brost & J. Funke GmbH u. Co. KG 25%	
Aufsichtsrat	Vorsitzender Hans-Jörg Hammer	
Vorstand	Dr. Michael Otto (Vors.), Dr. Michael E. Crusemann, Diethard Gagelmann, Dr. Rainer Hillebrand, Dr. Wolfgang Linder, Gerd Rietz, Hans-Otto Schrader, Dr. Peer Witten, Martin Zaepfel, Dr. Winfried Zimmermann	
Bilanztermin	28.2.	

PANASONIC Marketing Europe GmbH

22525 Hamburg
Winsbergring 15
<22504> Postfach 54 04 69

Telefon (0 40) 85 49-0
Telefax (0 40) 85 49-25 00
Internet www.panasonic.de

Branche	Elektro, Elektronik (Handel)	
Umsatz (in Mio. €)	952 (2001)	1054 (2002)
Beschäftigte	158 (2001)	342 (2002)
Gesellschafter	Matsushita Electric europe Ltd. 99,375%, Matsushita Electric Industrial Co.Ltd., Osaka 0,625%	
Geschäftsführung	Yukiharu Okamoto (Vors.)	
Bilanztermin	31.3.	

Peek & Cloppenburg KG

40212 Düsseldorf
Berliner Allee 2

Telefon (02 11) 36 62-0
Telefax (02 11) 36 62-6 97
Internet www.peekundcloppenburg.de

Branche	Textileinzelhandel	
Umsatz (in Mio. €)	1419 (2001)	1383 (2002)
Beschäftigte	12100 (2001)	12800 (2002)
Geschäftsführung	James Cloppenburg, Tim Homann, Dirk Schröder, Ludger Wonnemann	
Bilanztermin	31.12.	

Peugeot Deutschland GmbH

66119 Saarbrücken
Armand-Peugeot-Straße 1
<66104> Postfach

Telefon (06 81) 8 79-0
Telefax (06 81) 8 79-5 55
Internet www.peugeot.de

Branche	KfZ-Import	
Umsatz (in Mio. €)	1427 (2001)	1598 (2002)
Beschäftigte	1654 (2001)	1800 (2002)
Gesellschafter	Automobiles Peugeot S.A.	
Aufsichtsrat	Vorsitzender Michel Schreiber	
Geschäftsführung	Olivier Veyrier (Vors.), Kees Jan Boorsam, Frédéric Drouin	
Bilanztermin	31.12.	

Pfeifer & Langen

50933 Köln
Linnicher Straße 48
<50885> Postfach 45 10 80

Telefon (02 21) 49 80-0
Telefax (02 21) 49 80-3 71
Internet www.pfeifer-langen.de

Branche	Zuckerindustrie	
Umsatz (in Mio. €)	1230 (2001)	1360 (2002)
Beschäftigte	1400 (2001)	1500 (2002)
Pers. haft. Gesellsch.	Dr. Albrecht Colsmann, Dr. Bernhard Greubel, Dr. Jürgen Kohnke, Dr. Botho von Schwarzkopf	
Bilanztermin	31.12.	

Pfleiderer Unternehmensverwaltung GmbH & Co. KG

92318 Neumarkt
Ingolstädter Straße 51
<92304> Postfach 1480

Telefon (0 91 81) 28-0
Telefax (0 91 81) 28-6 31
Internet www.pfleiderer.com

Branche	Baustoffe	
Umsatz (in Mio. €)	1427 (2001)	1039 (2002)
Beschäftigte	9185 (2001)	6228 (2002)
Aufsichtsrat	Vorsitzender Dipl.-Kfm. Ernst-Herbert Pfleiderer	
Geschäftsführung	Dr. Ralf Bufe (Vors.), Michael Ernst, Dr. Jürgen Koch, Hans H. Overdiek	
Bilanztermin	31.5.	

Philips GmbH

20099 Hamburg
Steindamm 94
<20001> Postfach 10 02 29

Telefon (0 40) 28 99-0
Telefax (0 40) 28 99-28 29
Internet www.philips.de

Branche	Elektroindustrie	
Umsatz (in Mio. €)	4442 (2001)	4054 (2002)
Beschäftigte	10570 (2001)	11010 (2002)
Gesellschafter	Philips Electronics N. V., Niederlande 100%	
Aufsichtsrat	Vorsitzender Dr. Manfred Schmidt	
Geschäftsführung	Walter Conrads (Vors.), Dr. Peter Draheim, Hans-Joachim Kamp, Dr. Lorenz Zwingmann	
Bilanztermin	31.12.	

Phoenix AG

21079 Hamburg
Hannoversche Straße 88
<21048> Postfach 90 08 54

Telefon (0 40) 76 67-1
Telefax (0 40) 76 67-22 11
Internet www.phoenix-ag.com

Branche	Kautschukindustrie	
Umsatz (in Mio. €)	1134 (2001)	1126 (2002)
Beschäftigte	10323 (2001)	10000 (2002)
Großaktionäre	Deutsche Bank 10%, 4 Fonds mit je 10%	
Aufsichtsrat	Vorsitzender Dr. Jürgen Krumnow	
Vorstand	Konrad Ellegast (Vors. bis 31.12.2003), Meinhard Liebing, Dr. Burkhard Meister, Hans-Joachim Zwarg	
Bilanztermin	31.12.	

PHOENIX Pharmahandel Aktiengesellschaft & Co.

68199 Mannheim
Pfingstweidstraße 10-12
<68197> Postfach

Telefon (06 21) 85 05-0
Telefax (06 21) 85 05-6 30
Internet www.phoenix-ag.de

Branche	Pharma	
Umsatz (in Mio. €)	8583 (2001)	12029 (2002)
Beschäftigte	4546 (2001)	4800 (2002)
Großaktionäre	Ferdinand Schulze GmbH & Co. 44,26%, F. Reichelt AG 20,2%, Otto Stumpf AG 15,8%, Hageda AG 12,4%, Otto Stumpf GmbH 7,4%	
Aufsichtsrat	Vorsitzender Adolf Merckle	
Vorstand	Dr. Bernd Scheifele (Vors.), Henry Iberl, Dr. Lorenz Näger, Raimund Pohl	
Bilanztermin	31.01.	

PHW-Gruppe

49429 Visbek
Rechterfeld-Heide 59

Telefon (0 44 45) 8 91-0
Telefax (0 44 45) 8 91-2 50
Internet www.phw-gruppe.de

Branche	Nahrungs- und Genußmittel	
Umsatz (in Mio. €)	1030 (2001)	1079 (2002)
Beschäftigte	3210 (2001)	3870 (2002)
Gesellschafter	Familie Wesjohann	
Geschäftsführung	Paul-Heinz Wesjohann (Vors.)	
Bilanztermin	30.6.	

Plus Warenhandelsgesellschaft mbH & Co. OHG

45478 Mülheim/Ruhr
Wissollstraße 5-43

Telefon (02 08) 58 06-0
Telefax (02 08) 58 06-66 09
Internet www.plus.de

Branche	Einzelhandel (Lebensmittel)	
Umsatz (in Mio. €)	5305 (2001)	4998 (2002)
Beschäftigte	23748 (2001)	24537 (2002)
Gesellschafter	Unternehmensgruppe Tengelmann	
Geschäftsführung	Michael Hürter (Vors.), Arndt Krüger	
Bilanztermin	30.6.	

Dr. Ing. h.c. F. Porsche AG

70435 Stuttgart
Porschestraße 42
<70432> Postfach

Telefon (07 11) 8 27-0
Telefax (07 11) 8 27-57 77
Internet www.porsche.com

Branche	Automobilindustrie	
Umsatz (in Mio. €)	4442 (2001)	4856 (2002)
Beschäftigte	9752 (2001)	10143 (2002)
Großaktionäre	Familien Porsche und Piech	
Aufsichtsrat	Vorsitzender Prof. Dr. Helmu Sihler	
Vorstand	Dr.-Ing. Wendelin Wiedeking (Vors.), Wolfgang Dürheimer, Dipl.-Volksw. Holger P. Härter, Harro Harmel, Dipl.-Ing. Michael Macht, Dipl.-Kfm Hans Riedel	
Bilanztermin	31.7.	

L. Possehl & Co. mbH

23552 Lübeck
Beckergrube 38-52
<23505> Postfach 16 84

Telefon (04 51) 1 48-0
Telefax (04 51) 1 48-2 55
Internet www.possehl.de

Branche	Holding	
Umsatz (in Mio. €)	1093 (2001)	1075 (2002)
Beschäftigte	4630 (2001)	4600 (2002)
Gesellschafter	Possehl-Stiftung 100%	
Aufsichtsrat	Vorsitzender Dr. Dietrich Schulz	
Vorstand	Ernst J.Wortberg (Vors.), Dr. Henning Bähren, Dipl.-Kfm. Hans-Peter Süfke	
Bilanztermin	31.12.	

Praktiker Bau- und Heimwerkermärkte AG

66459 Kirkel-Neuhäusel
Am Tannenwald 2
<66458> Postfach

Telefon (0 68 49) 95-00
Telefax (0 68 49) 95-22 92
Internet www.praktiker.de

Branche	Baumarkt	
Umsatz (in Mio. €)	2501 (2001)	2539 (2002)
Beschäftigte	18105 (2001)	18800 (2002)
Großaktionäre	METRO AG 99,4%	
Aufsichtsrat	Vorsitzender Zygmunt Mierdorf	
Vorstand	Wolfgang Werner (Vors.), Michael Arnold, Karl-heinz Kockmann, Walter Weber	
Bilanztermin	30.9.	

PROCTER & GAMBLE GmbH

65824 Schwalbach
Sulzbacher Straße 40
<65823> Postfach

Telefon (0 61 96) 89-01
Telefax (0 61 96) 89-49 29
Internet www.procterundgamble.de

Branche	Chemie, Pharma,	
Umsatz (in Mio. €)	2700 (2001)	2500 (2002)
Beschäftigte	7900 (2001)	7500 (2002)
Gesellschafter	The Procter & Gamble Company 100%	
Aufsichtsrat	Vorsitzender Dr. Harald Einsmann	
Geschäftsführung	Rainer Bastian, Dieter H. Radermacher, Klaus Sennefelder, Vito Varvaro	
Bilanztermin	30.6.	

PROSIEBEN Sat. 1Media AG*

85774 Unterföhring
Bahnhofstraße 28
<85767> Postfach 13 10

Telefon (0 89) 95 07-10
Telefax (0 89) 95 07-11 22
Internet www.Prosiebensat1.com

Branche	Medien	
Umsatz (in Mio. €)	2015 (2001)	1894 (2002)
Beschäftigte	3029 (2001)	3072 (2002)
Großaktionäre	Kirch -Media 52,52%, Axel Springer Verlag 11,48%	
Aufsichtsrat	Vorsitzender Dr. Dieter Hahn	
Vorstand	Urs Rohner (Vors.), Dr. Ludwig Bauer, Jürgen Doetz, Lothar Lanz	
Bilanztermin	31.12.	

* Verschmelzung der PRO Sieben Media AG mit SAT 1 Satellitenfernsehen GmbH zur ProSieben-SAT1 Media AG

PwC Deutsche Revision AG Wirtschaftsprüfungsgesellschaft

60322 Frankfurt
Bockenheimer Anlage 15

Telefon (0 69) 95 85-0
Telefax (0 69) 95 85-20 00
Internet www.pwc.de

Branche	Wirtschaftsprüfung	
Umsatz (in Mio. €)	1435 (2001)	1546 (2002)
Beschäftigte	11000 (2001)	11000 (2002)
Aufsichtsrat	Vorsitzender Günter Siepe	
Vorstand	Hans Wagener (Vors.)	
Bilanztermin	30.6.	

Quelle AG

90762 Fürth
Nürnberger Straße 91-95
<90717> Postfach 4000

Telefon (09 11) 14-0
Telefax (09 11) 14- 2 43 61
Internet www.quelle.de

Branche	Versandhandel	
Umsatz (in Mio. €)	5439 (2001)	5833 (2002)
Beschäftigte	27700 (2001)	27665 (2002)
Großaktionär	Karstadt Quelle AG	
Aufsichtsrat	Vorsitzender Wolfgang Urban	
Vorstand	Dr. Christoph Achenbach (Vors.), Dr. Michael Badke, Arwed Fischer, Helmut Klier, Gebhard Stammler, Ulrich Wiggers	
Bilanztermin	31.12.	

Raab Karcher Saint Gobain GmbH

60314 Frankfurt
Hanauer Landstraße 150
<60018> Postfach 10 18 40

Telefon (0 69) 4 05 05-02
Telefax (0 69) 4 05 05-4 52
Internet www.raabkarcher.de

Branche	Baustoffe	
Umsatz (in Mio. €)	2114 (2001)	2478 (2002)
Beschäftigte	5787 (2001)	7326 (2002)
Gesellschafter	Saint Gobain S.A.	
Geschäftsführung	Dr. Michael Dorma (Vors.), Karl-Albrecht Bruhns, Lutz Freytag, Dr. Harld Wölfel	
Bilanztermin	31.12.	

RAG Aktiengesellschaft

45128 Essen
Rellinghauser Straße 1-11
<45117> Postfach 10 32 62

Telefon (02 01) 1 77-01
Telefax (02 01) 1 77-34 75
Internet www.rag.de

Branche	Bergbau, Umwelt, Chemie, Handel, Energieversorgung	
Umsatz (in Mio. €)	15289 (2001)	13025 (2002)
Beschäftigte	87490 (2001)	81990 (2002)
Großaktionäre	E.ON AG 37,1%, BGE GmbH (100% RWE AG) 30,2%, Thyssen-Stahl AG 12,7%	
Aufsichtsrat	Vorsitzender Wulf H. Bernotat	
Vorstand	Dr. Werner Müller (Vors.), Prof. Dr. Utz-Hellmuth Felcht, Dr. Peter Schörner, Ulrich Weber	
Bilanztermin	31.12.	

RAG Coal International AG

45128 Essen
Rellinghauser Straße 1-11

Telefon (02 01) 1 77-04
Telefax (02 01) 1 77-25 88
Internet www.rag-coalinter.de

Branche	Bergbau, Handel,
Umsatz (in Mio. €)	4566 (2001) 4349 (2002)
Beschäftigte	6605 (2001) 6470 (2002)
Alleinaktionär	RAG Beteiligungs-GmbH
Aufsichtsrat	Vorsitzender Karl Starzacher
Geschäftsführung	Dr. rer. nat. Jürgen Stadelhofer (Vors.), Christoph Dänzer-Vanotti, Prof. Dr. Karl-Friedrich Jakob, Heribert Protzek
Bilanztermin	31.12.

RAG Saarberg AG

66111 Saarbrücken
Trierer Straße 1
<66104> Postfach

Telefon (06 81) 4 05-05
Telefax (06 81) 4 05-22 11
Internet www.rag-saarberg.de

Branche	Energieversorgung, Umwelt, Gummi
Umsatz (in Mio. €)	3488 (2001) 1956 (2002)
Beschäftigte	9409 (2001) 8003 (2002)
Alleinaktionär	RAG AG
Aufsichtsrat	Vorsitzender Karl Starzacher
Vorstand	Dr.-Ing. Joachim Geisler (Vors.), Dr. Michael Karrenbauer, Dr. Lothar Kramm, Reinhard Störmer
Bilanztermin	31.12.

Raiffeisen-Waren-Zentrale Rhein-Main eG

50668 Köln
Altenberger Straße 1a
<50469> Postfach 10 29 42

Telefon (02 21) 16 38-0
Telefax (02 21) 16 38-3 87
Internet www.rwz.de

Branche	Groß- und Einzelhandel (landwirtschaftliche Produkte)
Umsatz (in Mio. €)	1532 (2001) 1180 (2002)
Beschäftigte	2534 (2001) 1924 (2002)
Aufsichtsrat	Vorsitzender Peter Bleser
Vorstand	Heinz-Christian Bär (Vors.), Dr. Jobst Bolhöfer, Friedhelm Decker, Dipl.-Kfm. Hans-Josef Hilgers, Kurt Jäger, Ingo Steitz, Dipl.-Kfm. Manfred Wilkening
Bilanztermin	31.12.

Raiffeisen Central-Genossenschaft Nordwest eG

48155 Münster
Industrieweg 110
<48136> Postfach

Telefon (02 51) 6 82-1
Telefax (02 51) 6 82-25 34
Internet www.rcg.de

Branche	Groß- und Einzelhandel (landwirtschaftliche Produkte)	
Umsatz (in Mio. €)	1625 (2001)	1644 (2002)
Beschäftigte	600 (2001)	600 (2002)
Aufsichtsrat	Vorsitzender Franz-Josef Möllers	
Vorstand	Dr. Manfred Niclas (Vors.), Dr. Karl-Heinrich Sümmermann, Thomas Weiß	
Bilanztermin	31.12.	

Raiffeisen Hauptgenossenschaft Nord AG (Hannover)

30171 Hannover
Krausenstraße 46-50
<30001> Postfach 1 40

Telefon (05 11) 80 75-0
Telefax (05 11) 80 75-4 90
Internet www.rhg-hannover.de

Branche	Groß- und Einzelhandel (landwirtschaftliche Produkte)	
Umsatz (in Mio. €)	1851 (2001)	1747 (2002)
Beschäftigte	2706 (2001)	2537 (2002)
Aufsichtsrat	Vorsitzender Heinrich Willers	
Vorstand	Alfons Veer (Vors.), Heinrich Dahl, Nikolaus v. Veltheim	
Bilanztermin	31.12.	

Raiffeisen Hauptgenossenschaft Nord AG (Kiel)

24143 Kiel
Werftstraße 218
<24100> Postfach

Telefon (04 31) 70 23-0
Telefax (04 31) 70 23-2 44
Internet www.hagekiel.de

Branche	Groß- und Einzelhandel (landwirtschaftliche Produkte)	
Umsatz (in Mio. €)	899 (2001)	1103 (2002)
Beschäftigte	1055 (2001)	1264 (2002)
Aufsichtsrat	Vorsitzender Hauke Christiansen	
Geschäftsführung	Otto Kamerichs, Thorsten Pogge	
Bilanztermin	31.12.	

Readymix Aktiengesellschaft für Beteiligungen

40880 Ratingen
Daniel-Goldbach-Straße 25
<40836> Postfach 16 17

Telefon (0 21 02) 4 01-0
Telefax (0 21 02) 4 01-6 45
Internet www.readymix.de

Branche	Baustoffe	
Umsatz (in Mio. €)	1073 (2001)	1007 (2002)
Beschäftigte	4129 (2001)	4323 (2002)
Großaktionär	RMC Group p.l.c.63,6%	
Aufsichtsrat	Vorsitzender Stuart R. Walkere	
Vorstand	Dr. Stephan Brock (Vors.), Dr. Jürgen Buchholz, Horst Engelkes	
Bilanztermin	31.12.	

Real SB-Warenhäuser

41065 Mönchengladbach
Reyerhütte 51

Telefon (0 21 61) 4 03-0
Telefax (0 21 61) 4 03-4 06
Internet www.real.de

Branche	Einzelhandel	
Umsatz (in Mio. €)	8374 (2001)	8199 (2002)
Beschäftigte	35110 (2001)	34480 (2002)
Gesellschafter	Metro AG	
Aufsichtsrat	Vorsitzender Hans-Joachim Körber	
Vorstand	Uwe Hölzer (Vors.), Andreas Schrödinger	
Bilanztermin	31.12.	

Renault Nissan Deutschland AG

50321 Brühl
Kölner Weg 6-10
<50319> Postfach 12 20

Telefon (0 22 32) 73-0
Telefax (0 22 32) 73-92 26
Internet www.renault.de

Branche	KfZ-Import	
Umsatz (in Mio. €)	894 (2001)	1250 (2002)
Beschäftigte	645 (2001)	823 (2002)
Alleinaktionär	Régie Nationale des Usines Renault	
Aufsichtsrat	Vorsitzender Patrick Blain	
Vorstand	Jacques Rivoal (Vors.), Dr. Thomas Beck, Hans-Werner Hauth, Dr. Markus Keussen, Frank Lagarde, Rémi Lefèvre, Heico van der Luyt, Reinhard Zirpel	
Bilanztermin	31.12.	

REWE-Gruppe

50668 Köln
Domstraße 20
<50603> Postfach

Telefon (02 21) 1 49-0
Telefax (02 21) 1 49-90 00
Internet www.rewe.de

Branche	Groß-und Einzelhandel (Lebensmittel)	
Umsatz (in Mio. €)	29840 (2001)	29800 (2002)
Beschäftigte	186800 (2001)	187196 (2002)
Aufsichtsrat	Vorsitzender Dr. Klaus Burghard	
Unternehmensleitung	Dipl.-Kfm. Hans Reischl (Vors.), Dr. Dieter Berninghaus, Gerd Bruse, Karl Adolf Fürbeth, Erwin Holzschuh, Horst Rompcik, Gisela Schmitt, Hans Schmitz, Andreas Toth, Klaus Trück, Gert Ziegelmeier	
Bilanztermin	31.12.	

Rheinmetall AG

40476 Düsseldorf
Rheinmetall-Allee 1
<40033> Postfach 10 42 61

Telefon (02 11) 4 73-04
Telefax (02 11) 4 73-47 46
Internet www.rheinmetall.com

Branche	Automotive, Electronics, Defence	
Umsatz (in Mio. €)	4603 (2001)	4570 (2002)
Beschäftigte	27828 (2001)	25949 (2002)
Großaktionär	Röchling Industrie Verwaltung GmbH 72%	
Aufsichtsrat	Vorsitzender Klaus Greinert	
Vorstand	Dipl.-Math. Klaus Eberhardt (Vors.), Dr. Gerd Kleinert, Dr.-Ing. Ernst-Otto Krämer, Herbert Müller	
Bilanztermin	31.12.	

Rheinmetall DeTec AG

40880 Ratingen
Pempelfurtstraße 1
<40836> Postfach 16 63

Telefon (0 21 02) 90-0
Telefax (0 21 02) 47 35 53
Internet www.rheinmetall-detec.de

Branche	Defence	
Umsatz (in Mio. €)	1614 (2001)	1677 (2002)
Beschäftigte	9019 (2001)	8828 (2002)
Alleinaktionär	Rheinmetall AG	
Aufsichtsrat	Vorsitzender Dipl.-Math. Klaus Eberhardt	

Vorstand	Dr.-Ing. Ernst-Otto Krämer (Vors. bis 28.2.2004) (Vors.), Klaus Eberhardt (Vors. ab 1.3.2004), Mario Gabrielli, Dr. Thomas Küstner, Dipl.-Ing. Klaus Kunze, Helmut P. Merch, Dipl.-Ing. Detlef Moog, Dipl.-Ing. Gert Winkler
Bilanztermin	31.12.

rhenag Rheinische Energie AG

50968 Köln
Bayenthalgürtel 9
<50945> Postfach 51 09 20

Telefon (02 21) 9 37 31-0
Telefax (02 21) 9 37 31-1 70
Internet www.rhenag.de

Branche	Energie- und Wasserversorgung	
Umsatz (in Mio. €)	1265 (2001)	1213 (2002)
Beschäftigte	3384 (2001)	2849 (2002)
Großaktionäre	RWE 54,091%, Thüga 41,331%	
Aufsichtsrat	Vorsitzender Dr. Manfred Scholle	
Vorstand	Dipl.-Kfm. Markus F. Schmidt (Vors.), Dipl.-Ing. Volker Staufert	
Bilanztermin	31.12.	

R.I.C. Electronic Communication Services GmbH*

71254 Ditzingen
Berblinger Straße 1
<71252> Postfach 12 48

Telefon (0 71 56) 9 33-0
Telefax (0 71 56) 9 33-3 90
Internet www.redzac.de

Branche	Fachhandel (Unterhaltungselektronik, Kommunikationstechnik, Haustechnik)	
Umsatz (in Mio. €)	1970 (2001)	1452 (2002)
Beschäftigte	191 (2001)	369 (2002)
Aufsichtsrat	Vorsitzender Jürgen Manns	
Vorstand	Dr. Karl Bernhard Hillen, Peter Keller, Werner Winkelmann	
Bilanztermin	30.9.	

* Zusammenschluß von Interfunk und RUEFACH

Roche Deutschland Holding GmbH

79639 Grenzach-Whylen
Emil-Barell-Straße 1
<79630> Postfach 12 70

Telefon (0 76 24) 90 88-0
Telefax (0 76 24) 55 64
Internet www.roche.de

Branche	Holding (Pharma)	
Umsatz (in Mio. €)	2662 (2001)	2814 (2002)
Beschäftigte	12100 (2001)	10244 (2002)
Aufsichtsrat	Vorsitzender Dr. Franz B. Humer	
Geschäftsführung	Dr. Marcel Gmünder (Vors.), Hans-Dieter Gutekunst, Peter Schiller, Dr. Karl H. Schlingensief, Dr. Severin Schwan, Dr. Jürgen Schwiezer, Gert Vogels	
Bilanztermin	31.12.	

→ jährliche Kompositions-aufträge
→ apply

Röchling-Gruppe

68165 Mannheim
Richard-Wagner-Straße 9
<68012> Postfach 10 12 63

Telefon (06 21) 44 02-0
Telefax (06 21) 44 02-2 84
Internet www.roechling.de

Branche	Holding	
Umsatz (in Mio. €)	6282 (2001)	6137 (2002)
Beschäftigte	39927 (2001)	35399 (2002)
Gesellschafter	Familie Röchling	
Beirat	Klaus Greinert (Vors.), Dr. Horst Girke, Dr. Franz L. Herrmann, Prof. Dr. Gösta B. Ihde, Prof. Dr. Peter May, Johannes Frhr. v. Salmuth, Dr. Dieter Schadt, Dr. Carl Peter Thürmel, Dr. Sabine Thürmel, Dr. Reinhard Zinkann, Prof. Dr. Dirk Zumkeller	
Geschäftsführung	Georg Duffner (Vors.), Dr. Wolfgang Hinz, Dr. Bernd Michael Hönle	
Bilanztermin	31.12.	

Dirk Rossmann GmbH

30929 Burgwedel	Telefon (0 51 39) 8 98-0
Isernhäger Straße 16	Telefax (0 51 39) 8 98-4 99
	Internet www.rossmann.de

Branche	Einzelhandel	
Umsatz (in Mio. €)	927 (2001)	1022 (2002)
Beschäftigte	7500 (2001)	8000 (2002)
Aufsichtsrat	Vorsitzender Claus R. Bingemer	
Geschäftsführung	Dirk Rossmann (Vors.)	
Bilanztermin	31.12.	

RTL Television GmbH*

50858 Köln	Telefon (02 21) 4 56-0
Aachener Straße 1036	Telefax (02 21) 4 56-16 90
<50835> Postfach 40 05 50	Internet www.rtl.de

Branche	Medien (Private Fernsehanstalt)	
Umsatz (in Mio. €)	1346 (2001)	1503 (2002)
Beschäftigte	873 (2001)	803 (2002)
Gesellschafter	CLT-UFA Film- und Fernsehen GmbH 89%	
Geschäftsführung	Gerhard Zeiler (Vors.), Frank Berners, Dr. Hans-Ulrich Holst, Dr. Constantin Lange, Hans Mahr, Adam Musialik	
Bilanztermin	31.12.	

* Ab 2001 nur noch Nettowerbeumsatz ausgewiesen.

Rütgers AG

45128 Essen	Telefon (02 01) 1 77-02
Rellinghauser Straße 3	Telefax (02 01) 1 77-20 50
<45031> Postfach 10 31 54	Internet www.ruetgers.de

Branche	Chemie, Kunststoffe, Bau	
Umsatz (in Mio. €)	2737 (2001)	2425 (2002)
Beschäftigte	12740 (2001)	10580 (2002)
Großaktionär	RAG AG 98,19%	
Aufsichtsrat	Vorsitzender Prof. Dr. Utz-Hellmuth Felcht	
Vorstand	Heinz Rzehak (Vors.), Dr. Hansgeorg Köster, Rudolf Kretz-Manteuffel	
Bilanztermin	31.12.	

Ruhrgas AG

45138 Essen	Telefon (02 01) 1 84-0
Huttropstraße 60	Telefax (02 01) 1 84-37 66
<45117> Postfach	Internet www.ruhrgas.de

Branche	Erdgas	
Umsatz (in Mio. €)	13322 (2001)	11923 (2002)
Beschäftigte	8794 (2001)	12514 (2002)
Alleinaktionär	E.ON AG	
Aufsichtsrat	Vorsitzender Ulrich Hartmann	
Vorstand	Dr.-Ing. Burckhard Bergmann (Vors.), Dr. Fritz Gautier, Dr. Friedrich Janssen, Dr. Jürgen Lenz, Dr. e. h. Achim Middelschulte, Dr. Michael Pfingsten	
Bilanztermin	31.12.	

RWE AG*

45128 Essen	Telefon (02 01) 12-00
Opernplatz 1	Telefax (02 01) 12-1 51 99
<45030> Postfach 10 30 61	Internet www.rwe.com

Branche	Energie, Umweltdienstleistungen, Industriedienstleistungen	
Umsatz (in Mio. €)	62878 (2001)	46632 (2002)
Beschäftigte	169979 (2001)	131765 (2002)
Großaktionär	R+V Holding AG 12%, Allianz AG Holding 8,1%, Stadt Essen 8,2%	
Aufsichtsrat	Vorsitzender Friedel Neuber	
Vorstand	Harry Roels (Vors.), Dr. Gert Maichel, Dr. Klaus Sturany, Jan Zilius	
Bilanztermin	31.12.	

* Rechnungslegung zum 31.12.

RWE-DEA AG für Mineraloel und Chemie

22297 Hamburg	Telefon (0 40) 63 75-0
Überseering 40	Telefax (0 40) 63 75-34 96
<22204> Postfach 60 04 49	Internet www.rwe-dea.de

Branche	Mineralölverarbeitung, Chemie	
Umsatz (in Mio. €)	20416 (2001)	8933 (2002)
Beschäftigte	4255 (2001)	2626 (2002)
Großaktionär	RWE AG 99,45%	
Aufsichtsrat	Vorsitzender Dr. Gert Maichel	
Vorstand	Dr. Georg Schöning (Vors.), Lutz-Michael Liebau, Dr. Rolf Wiese	
Bilanztermin	31.12.	

RWE Gas AG*

44137 Dortmund
Kampstraße 49
<44044> Postfach 10 44 51

Telefon (02 31) 18 21-0
Telefax (02 31) 18 21-5 50
Internet www.rwe-gas.com

Branche	Energieversorgung	
Umsatz (in Mio. €)	2078 (2001)	1882 (2002)
Beschäftigte	1751 (2001)	8272 (2002)
Großaktionär	RWE AG	
Aufsichtsrat	Vorsitzender Manfred Remmel	
Vorstand	Dr. Manfred Scholle (Vors.), Dr.-Ing. Klaus Homann, Gottfried Spelsberg-Korspeter, Dr. Ingo Westen	
Bilanztermin	31.12.	

* Verschmelzung der Erdgasaktivitäten der RWE AG und der VEW AG

RWE Net AG

44139 Dortmund
Flamingoweg 1
<44047> Postfach 10 50 56

Telefon (02 31) 4 38-01
Telefax (02 31) 4 38-31 82
Internet www.rwenet.com

Branche	Energiewirtschaft	
Umsatz (in Mio. €)	1839 (2001)	4289 (2002)
Beschäftigte	5834 (2001)	5915 (2002)
Alleinaktionär	RWE AG	
Aufsichtsrat	Vorsitzender Manfred Remmel	
VorstandU	Dr. Wolfgang Kässer (Vors.), Heinz Fennekold, Marc R. Pasture, Egbert Pottgießer, Dr. Rolf Windmöller	
Bilanztermin	31.12.	

RWE Plus Aktiengesellschaft

45128 Essen
Kruppstraße 5

Telefon (02 01) 12-08
Telefax (02 01) 12-2 56 99
Internet www.rwe.com

Branche	Energieversorgung	
Umsatz (in Mio. €)	7373 (2001)	5240 (2002)
Beschäftigte	2637 (2001)	2208 (2002)
Alleinaktionär	RWE AG	
Aufsichtsrat	Vorsitzender Harry Roels	
Vorstand	Dipl.-Ök. Heinz-Werner Ufer (Vors.), Heinz Fennekold	
Bilanztermin	31.12.	

RWE Power AG*

45128 Essen
Kruppstr. 5
<45117> Postfach

Telefon (02 01) 12-01
Telefax (02 01) 12-2 43 13
Internet www.rwepower.de

Branche	Energieversorgung	
Umsatz (in Mio. €)	3277 (2001)	3494 (2002)
Beschäftigte	2925 (2001)	2480 (2002)
Großaktionär	RWE AG 100%	
Aufsichtsrat	Vorsitzender Harry Roels	
Vorstand	Dr. Gert Maichel (Vors.), Dipl.-Kfm. Berthold Bonekamp, Alwin Fitting, Dr.-Ing. Gerd Jäger, Antonius Voß	
Bilanztermin	31.12.	

* Zusammenfassung der Kraftwerksaktivitäten der RWE AG und der VEW AG.

RWE Rheinbraun AG

50935 Köln
Stüttgenweg 2
<50868> Postfach 41 08 40

Telefon (02 21) 4 80-1
Telefax (02 21) 4 80-13 51
Internet www.rheinbraun.de

Branche	Bergbau	
Umsatz (in Mio. €)	1272 (2001)	1784 (2002)
Beschäftigte	12330 (2001)	12792 (2002)
Alleinaktionär	RWE AG	
Aufsichtsrat	Vorsitzender Dr. Gert Maichel	
Vorstand	Dipl.-Kfm.Berthold Bonekamp (Vors.), Dr.-Ing. Dietrich Böcker, Bernd J. Breloer, Dr. Johannes F. Lambertz, Gerd Spaniol	
Bilanztermin	30.6.	

RWE Solutions GmbH

60325 Frankfurt
Guiollettstraße 44-48

Telefon (0 69) 71 35-22 15
Telefax (0 69) 71 35-21 30
Internet www.rwesolutions.com

Branche	Dienstleistungen	
Umsatz (in Mio. €)	2702 (2001)	2818 (2002)
Beschäftigte	13229 (2001)	12602 (2002)
Gesellschafter	RWE AG 100%	
Aufsichtsrat	Vorsitzender Manfred Remmel	
Vorstand	Heinz-Werner Binzel (Vors.)	
Bilanztermin	31.12.	

RWE Systems Aktiengesellschaft

44139 Dortmund	Telefon (02 31) 4 38-04
Flamingoweg 1	Telefax (02 31) 4 38-21 47
	Internet www.rwe.com

Branche	Corporate Services	
Umsatz (in Mio. €)	958 (2001)	1482 (2002)
Beschäftigte	1941 (2001)	1450 (2002)
Großaktionär	RWE AG	
Aufsichtsrat	Vorsitzender Dr. Richard R. Klein	
Vorstand	Egbert Pottgießer (Vors.), Dr. Horst Günther, Dr. Matthias Köppel, Dr. Knud Norden	
Bilanztermin	31.12.	

RWE Trading GmbH

45128 Essen	Telefon (02 01) 12 09
Huyssenallee 2	Telefax (02 01) 12 17 900
	Internet www.rwetrading.com

Branche	Handel	
Umsatz (in Mio. €)	9272 (2001)	6120 (2002)
Beschäftigte	387 (2001)	518 (2002)
Gesellschafter	RWE AG 100%	
Aufsichtsrat	Vorsitzender Dr. Gert Maichel	
Geschäftsführung	Hans-Dieter Erfkemper (Vors.), Stefan Judisch, Dr. Brian Senior	
Bilanztermin	31.12.	

RWE Umwelt AG

45112 Essen	Telefon (02 01) 12-03
Opernplatz 1	Telefax (02 01) 12-1 61 28
<45030> Postfach 10 30 63	Internet www.rweumwelt.com

Branche	Entsorgungswirtschaft	
Umsatz (in Mio. €)	2045 (2001)	2180 (2002)
Beschäftigte	14666 (2001)	14000 (2002)
Großaktionär	RWE AG	
Aufsichtsrat	Vorsitzender Manfred Remmel	
Vorstand	Bernard Kemper (Vors.), Dr.-Ing. Harald Allhorn, Ulf Klöckner, Joachim Ronge, Ralf Zimmermann	
Bilanztermin	30.6.	

SAI Automotive AG*

60388 Frankfurt
Friesstraße 26

Telefon (0 69) 21 97 79-0
Telefax (0 69) 21 97 79-17
Internet www.faurecia.com

Branche	KfZ-Zulieferindustrie	
Umsatz (in Mio. €)	2931 (2001)	2940 (2002)
Beschäftigte	19201 (2001)	18672 (2002)
Großaktionär	Faurecia S.A.	
Aufsichtsrat	Vorsitzender Prof. Dr. Dieter Feddersen	
Vorstand	Pierre Levi (Vors.), Freddy Ballé, Jean-Michel Elter, Jürgen Kaziur, Franck Lecoq, Pierre-Jean Sivignon	
Bilanztermin	31.12.	

* Übernahme durch Faurecia S.A.

Salamander AG

70806 Kornwestheim
Stammheimer Straße 10

Telefon (0 71 54) 15-0
Telefax (0 71 54) 15-27 63
Internet www.salamander.de

Branche	Schuhindustrie, Dienstleistungen	
Umsatz (in Mio. €)	1285 (2001)	1297 (2002)
Beschäftigte	18078 (2001)	19438 (2002)
Großaktionär	Energie Baden-Württemberg AG 95%	
Aufsichtsrat	Vorsitzender Prof. Dr. Utz Claassen	
Vorstand	Dr. Volker Grub (Vors.), Andreas Budde, Hermann Hoste	
Bilanztermin	31.12.	

Salzgitter AG

38239 Salzgitter
Eisenhüttenstraße 99
<38223> Postfach

Telefon (0 53 41) 21-01
Telefax (0 53 41) 21- 27 27
Internet www.salzgitter-ag.de

Branche	Stahlindustrie	
Umsatz (in Mio. €)	4592 (2001)	4741 (2002)
Beschäftigte	17664 (2001)	17000 (2002)
Aufsichtsrat	Vorsitzender Dr. Wilfried Lochte	
Vorstand	Dipl.-Betriebsw. Wolfgang Leese (Vors.), Wolfgang Eging, Dr. Heinz Jörg Fuhrmann, Helmut F. Koch (bis 31.12.2003), Michael Pfitzner , Peter-Jürgen Schneider, Dr.-Ing. Volker Schwich	
Bilanztermin	30.9.	

Salzgitter Handel GmbH

40476 Düsseldorf
Schwannstraße 12
<40409> Postfach 30 09 43

Telefon (02 11) 43 00-1
Telefax (02 11) 43 00-4 74
Internet www.salzgitter-handel.de

Branche	Stahlhandel	
Umsatz (in Mio. €)	1617 (2001)	1530 (2002)
Beschäftigte	1600 (2001)	1312 (2002)
Gesellschafter	Salzgitter AG 100%	
Aufsichtsrat	Vorsitzender Dr. Jürgen Kolb	
Geschäftsführung	Heinz Groschke (Vors.), Gerd Schöler, Günter Senewald	
Bilanztermin	30.9.	

Sana Kliniken-Gesellschaft mbH

81739 München
Gustav-Heinemann-Ring 133

Telefon (0 89) 67 82 04-0
Telefax (0 89) 67 82 04-1 16
Internet www.sana.de

Branche	Dienstleistungen	
Umsatz (in Mio. €)	1734 (2001)	1696 (2002)
Beschäftigte	24169 (2001)	23530 (2002)
Aufsichtsrat	Vorsitzender Dr. Horst Hoffmann	
Geschäftsführung	Dr. rer. pol. Reinhard Schwarz (Vors.), Ulrich Bosch, Dr. med. Andreas Tecklenburg	
Bilanztermin	31.12.	

Sanacorp Pharmahandel AG

82152 Planegg
Semmelweisstraße 4
<82142> Postfach 13 09

Telefon (0 89) 85 81-0
Telefax (0 89) 85 81-2 60
Internet www.sanacorp.de

Branche	Großhandel (Pharma)	
Umsatz (in Mio. €)	2247 (2001)	2343 (2002)
Beschäftigte	3090 (2001)	3039 (2002)
Aufsichtsrat	Vorsitzender Jürgen Funke	
Geschäftsführung	Dipl.-Volksw. Manfred Renner (Vors.), Horst Dieter Jordan, Dr. Herbert Lang, Dr. Christoph Mauz	
Bilanztermin	30.6.	

SAP AG

69190 Walldorf
Neurottstraße 16
<69189> Postfach

Telefon (0 62 21) 7-4 74 74
Telefax (0 62 21) 7-5 75 75
Internet www.sap.com

Branche	Datenverarbeitung	
Umsatz (in Mio. €)	7341 (2001)	7413 (2002)
Beschäftigte	28410 (2001)	28000 (2002)
Aufsichtsrat	Vorsitzender Dr. Hasso Plattner	
Vorstand	Dr. Henning Kagermann (Vors.), Shai Agassi, Leo Apotheker, Werner Brandt, Dr. Claus Heinrich, Prof. Dr. Henning Kagermann, Gerhard Oswald, Dipl.-Math.Dr. Peter Zencke	
Bilanztermin	31.12.	

SCA Hygiene Products AG

85356 München-Flughafen
Terminalstraße Mitte 18

Telefon (0 80 35) 80-0
Telefax (0 80 35) 80-5 98
Internet www.sca.de

Branche	Hygieneprodukte	
Umsatz (in Mio. €)	3348 (2001)	3633 (2002)
Beschäftigte	12627 (2001)	12704 (2002)
Gesellschafter	SCA Group Holding	
Aufsichtsrat	Vorsitzender Jan Aström	
Vorstand	Reinhold O. Schadler (Vors.), Günter Kaske, Dr. Gernot Wiedenbrüg	
Bilanztermin	31.12.	

Schefenacker AG

73730 Esslingen
Eckenerstraße 2

Telefon (07 11) 31 54-0
Telefax (07 11) 31 54-1 02
Internet www.schefenacker.com

Branche	KfZ-Zulieferindustrie	
Umsatz (in Mio. €)	1006 (2001)	1010 (2002)
Beschäftigte	6347 (2001)	7150 (2002)
Aufsichtsrat	Vorsitzender Dr. Mark K. Binz	
Vorstand	Dr. Alfred R. Schefenacker (Vors.)	
Bilanztermin	31.12.	

SCHENKER AG

45130 Essen
Alfredstraße 81

Telefon (02 01) 87 81-0
Telefax (02 01) 87 81-83 84
Internet www.schenker.de

Branche	Verkehr, Transport, Logistik
Umsatz (in Mio. €)	6122 (2001) 6224 (2002)
Beschäftigte	31644 (2001) 35000 (2002)
Alleinaktionär	Stinnes AG
Aufsichtsrat	Vorsitzender Dr. Wulf H. Bernotat
Vorstand	Thomas Held (Vors.), Hans-Jörg Hager, Dr. Thomas C. Lieb, Dr. Dierk Paskert, Peter Scheimann, Marco Schröter
Bilanztermin	31.12.

Schering AG

13353 Berlin
Müllerstraße 170-178
<13042> Postfach

Telefon (0 30) 4 68-0
Telefax (0 30) 4 68- 53 05
Internet www.schering.de

Branche	Pharma
Umsatz (in Mio. €)	4841 (2001) 5022 (2002)
Beschäftigte	25056 (2001) 26245 (2002)
Großaktionäre	Allianz AG 12,1%, Münchener Rückversicherungs-AG 1,7%
Aufsichtsrat	Vorsitzender Guiseppe Vita
Vorstand	Dr.-Ing. Hubertus Erlen (Vors.), Dr. Ulrich Köstlin, Lutz Lingnau, Marc Rubin, Dr. Jörg Spiekerkötter, Prof. Dr. med. Günter Stock
Bilanztermin	31.12.

Schieder Möbel-Holding GmbH & Co. KG

32816 Schieder-Schwalenberg
Bahnhofstraße 9
<32807> Postfach 12 55

Telefon (0 52 82) 14-0
Telefax (0 52 82) 14-4 40
Internet www.schieder.de

Branche	Möbel
Umsatz (in Mio. €)	1099 (2001) 1030 (2002)
Beschäftigte	13000 (2001) 11700 (2002)
Gesellschafter	Familie Demuth
Geschäftsführung	Rolf Demuth (Vors.), Jens Effenberger, Samir Jajjawi
Bilanztermin	31.3.

Anton Schlecker

89579 Ehingen
Talstraße 12
<89573> Postfach 13 54

Telefon (0 73 91) 5 84-0
Telefax (0 73 91) 5 84- 300
Internet www.schlecker.com

Branche	Einzelhandel (SB-Warenhäuser, Drogeriemärkte, Baumärkte)	
Umsatz (in Mio. €)	5769 (2001)	6199 (2002)
Beschäftigte	44000 (2001)	48000 (2002)
Gesellschafter	Anton Schlecker (persönlich haftend)	
Unternehmensleitung	Anton Schlecker	
Bilanztermin	31.12.	

SCHLESWAG AG

24768 Rendsburg
Kieler Straße 19
<24756> Postfach 2 60

Telefon (0 43 31) 18-0
Telefax (0 43 31) 18-21 66
Internet www.schleswag.de

Branche	Energieversorgung	
Umsatz (in Mio. €)	1234 (2001)	1263 (2002)
Beschäftigte	1911 (2001)	1954 (2002)
Großaktionär	E.ON Energie AG 65%	
Aufsichtsrat	Vorsitzender Dr. Hans Dieter Harig	
Vorstand	Helmut Lechlein (Vors.), Rainer Dücker, Dirk Rüggen	
Bilanztermin	31.12.	

G. Schneider & Söhne GmbH & Co. KG

76275 Ettlingen
Gehrnstraße 7-11
<76262> Postfach 10 08 62

Telefon (0 72 43) 73-0
Telefax (0 72 43) 73-1 71
Internet www.schneidersoehne.de

Branche	Großhandel (Papier)	
Umsatz (in Mio. €)	1142 (2001)	1104 (2002)
Beschäftigte	2156 (2001)	2136 (2002)
Geschäftsführung	Dipl.-Bw. Rainer Köster, Matthias Krahmert	
Bilanztermin	31.12.	

SCHOTT GLAS

55122 Mainz
Hattenbergstraße 10
<55014> Postfach 24 80

Telefon (0 61 31) 66-0
Telefax (0 61 31) 66-20 00
Internet www.schott.de

Branche	Glasindustrie	
Umsatz (in Mio. €)	1683 (2001)	1956 (2002)
Beschäftigte	19800 (2001)	19850 (2002)
Inhaberin	Carl-Zeiss-Stiftung, Heidenheim/Brenz	
Vorstand	Dr. Leopold von Heimendahl (Vors. bis 31.12.2003), Dr. Karl-Peter Merz, Klaus Rübenthaler, Dr. Udo Ungeheuer (Vors. ab 1.1.2004)	
Bilanztermin	30.9.	

SCHÜCO International KG

33609 Bielefeld
Karolinenstraße 1-15
<33525> Postfach 10 25 53

Telefon (05 21) 7 83-0
Telefax (05 21) 7 83-4 51
Internet www.schueco.de

Branche	Bauelemente	
Umsatz (in Mio. €)	949 (2001)	1135 (2002)
Beschäftigte	3149 (2001)	4100 (2002)
Gesellschafter	Otto Fuchs Metallwerke 99,8%	
Geschäftsführer	Dirk U. Hindrichs	
Bilanztermin	31.12.	

Schwab Versand GmbH

63450 Hanau
Kinzigheimer Weg 6
<63411> Postfach 21 42

Telefon (0 61 81) 3 68-0
Telefax (0 61 81) 3 68-3 40
Internet www.schwabversand.de

Branche	Versandhandel	
Umsatz (in Mio. €)	1264 (2001)	1328 (2002)
Beschäftigte	3900 (2001)	4200 (2002)
Gesellschafter	Otto Versand über 99%	
Aufsichtsrat	Vorsitzender Dr. Michael Otto	
Geschäftsführung	Rolf Schäfer (Vors.), Günter Bodenbender, Rolf Thode	
Bilanztermin	28.2.	

Unternehmesgruppe Schwarz *

74172 Neckarsulm	Telefon (0 71 32) 9 40-0
Rötelstraße 35	Telefax (0 71 32) 9 40-2 00
<74149> Postfach 12 53	Internet www.lidl.de

Branche	Groß- und Einzelhandel	
Umsatz (in Mio. €)	13675 (2001)	15142 (2002)
Beschäftigte	39000 (2001)	39000 (2002)
Komplementär	Familienstiftung Dieter Schwarz	
Aufsichtsrat	Vorsitzender Richard Meyer	
Vorstand	Heinz Andrejewski, Michael Döhnert, Günter Fergen, Rainer Frömel, Klaus Gehrig, Werner Hoffmann, Richard Lohmiller jun., Richard Lohmiller sen., Richard Meyer, Rupert Schädler, Reinhold Scholz	
Bilanztermin	28.2.	

* ehem. LIDL & SCHWARZ Stiftung & Co. KG (alle Zahlenwerte geschätzt)

SENATOR Lines GmbH

28195 Bremen	Telefon (04 21) 30 83-0
Martinistraße 62-66	Telefax (04 21) 17 02 06
<28015> Postfach 10 15 47	Internet www.senatorlines.com

Branche	Reederei	
Umsatz (in Mio. €)	1611 (2001)	1300 (2002)
Beschäftigte	994 (2001)	840 (2002)
Gesellschafter	HANJIN Shipping Co. Ltd., Seoul/Korea	
Geschäftsführung	Hyo-Kenn Ko (Vors.), Sung Hoon Lee, Bo Young Lee, Jan-Boje Steffens	
Bilanztermin	31.12.	

SG Holding AG

70565 Stuttgart
Ruppmannstraße 27
<70041> Postfach 10 46 44

Telefon (07 11) 9 06 10-0
Telefax (07 11) 9 06 10-19
Internet www.sg-holding.de

Branche	Holding (Kfz-Handel, Finanzdienstleistungen)	
Umsatz (in Mio. €)	1550 (2001)	1561 (2002)
Beschäftigte	2431 (2001)	2428 (2002)
Großaktionäre	Fey AG & Co. KG 76%	
Aufsichtsrat	Vorsitzender Walter Jörg Frey	
Vorstand	Heinrich Hänle (Vors.), Dr. Harry Brambach, Karl-Heinz Engels	
Bilanztermin	31.12.	

SGL Carbon AG

65203 Wiesbaden
Rheingaustraße 182
<65040> Postfach 50 20

Telefon (06 11) 60 29-0
Telefax (06 11) 60 29-1 01
Internet www.sglcarbon.com

Branche	Chemie	
Umsatz (in Mio. €)	1323 (2001)	1112 (2002)
Beschäftigte	8197 (2001)	7360 (2002)
Aufsichtsrat	Vorsitzender Prof. Dr. rer. nat. Utz-Hellmuth Felcht,	
Geschäftsführung	Robert J. Köhler (Vors.), Theodor H. Breyer, Dr. Hariolf Kottmann, Dr. Bruno Toniolo, Dr. Klaus Warning	
Bilanztermin	31.12.	

Shell & DEA Oil GmbH*

22297 Hamburg
Überseering 40

Telefon (0 40) 63 75-0
Telefax (0 40) 63 75-34 96
Internet www.dea.de

Branche	Mineralölindustrie	
Umsatz (in Mio. €)	16352 (2001)	32342 (2002)
Beschäftigte	2616 (2001)	4943 (2002)
Gesellschafter	Royal Dutch Shell Gruppe	
Aufsichtsrat	Vorsitzender Adrian Loader	
Geschäftsführung	Dr. Josef Waltl (Vors.), Georg Nern, Michael Noll, Dr. Wolf Schulz, Erik Werner	
Bilanztermin	30.6.6	

* vormals: DEA Mineraloel AG

Siemens AG

80333 München
Wittelsbacherplatz 2
<80312> Postfach

Telefon (0 89) 6 36-00
Telefax (0 89) 6 36–42 42
Internet www.siemens.de

Branche	Elektroindustrie
Umsatz (in Mio. €)	86999 (2001) 84015 (2002)
Beschäftigte	484000 (2001) 426000 (2002)
Aufsichtsrat	Vorsitzender Dr. Karl Herrmann Baumann
Vorstand	Dr. jur. Heinrich von Pierer (Vors.), Johannes Feldmayer, Thomas Ganswindt, Dr. Klaus-Christian Kleinfeld, Dr. rer. nat. Edward Krubasik, Rudi Lamprecht, Heinz-Joachim Neubürger, Prof. Peter Pribilla, Jürgen Radomski, Prof. Dr.-Ing. Erich R. Reinhardt, Uriel Sharif, Prof. Dr. phil Clemens Weyrich, Dr. Ing. Klaus Wucherer
Bilanztermin	30.9.

Michael

sponsoring @ siemens.com
HELD. 636 33973
Marketing Department
636 33200

Siemens Business Services GmbH & Co. OHG

87739 München
Otto Hahn Ring 6
<81730> Postfach

Telefon (0 89) 6 36-00
Telefax (0 89) 6 36-3 50 75
Internet www.sbs.siemens.com

Branche	Informationstechnologie
Umsatz (in Mio. €)	3323 (2001) 5800 (2002)
Beschäftigte	13000 (2001) 33600 (2002)
Gesellschafter	Siemens AG
Geschäftsführung	Michael Kutschenreuter, Bernd Regendantz, Paul Stodden
Bilanztermin	30.9.

Siemens Dematic AG

90475 Nürnberg
Gleiwotzer Straße 55

Telefon (09 11) 8 95-55 88
Telefax (09 11) 8 95-52 15
Internet www.siemens-dematic.de

Branche	Fördertechnik	
Umsatz (in Mio. €)	2520 (2001)	2995 (2002)
Beschäftigte	12203 (2001)	11535 (2002)
Alleinaktionär	Siemens AG	
Aufsichtsrat	Vorsitzender Edward Krubasik	
Vorstand	Johann Löttner (Vors.), Prof. Dr. Hans Otto Hannover, Dipl.-Kfm. Hans Kaufmann, Dipl.-Ing. Eberhard Kuhn, Dipl.-Ing. Pete Metros	
Bilanztermin	31.12.	

Siemens VDO Automotive AG*

65824 Schwalbach/Taunus
Sodener Straße 9
<65735> Postfach 61 40

Telefon (0 61 96) 87-0
Telefax (0 61 96) 8 65 71
Internet www.siemensvdo.de

Branche	KfZ-Zulieferindustrie	
Umsatz (in Mio. €)	3004 (2001)	3732 (2002)
Beschäftigte	17690 (2001)	18702 (2002)
Alleinaktionär	Siemens AG	
Aufsichtsrat	Vorsitzender Prof. Dr. Edward G. Krubasik	
Vorstand	Dipl.-Kfm. Wolfgang Dehen (Vors.), Klaus Egger, Günter Hauptmann, Reinhard Pinzer	
Bilanztermin	31.12.	

* ehem. Mannesmann VDO AG

Sixt AG

82049 München-Pullach
Dr. Carl-von-Linde-Str. 2

Telefon (0 89) 7 44 44-0
Telefax (0 89) 7 44 44-2 82
Internet www.sixt.de

Branche	Autovermietung	
Umsatz (in Mio. €)	2343 (2001)	2224 (2002)
Beschäftigte	2277 (2001)	2200 (2002)
Großaktionär	Erich Sixt	
Aufsichtsrat	Vorsitzender Dr. Karl-Josef Neukirchen	
Vorstand	Erich Sixt (Vors.), Detlev Pätsch, Dr. Hans-Ulrich Sachenbacher, Manfred Sturm	
Bilanztermin	31.12.	

SKF GmbH

97421 Schweinfurt
Gunnar-Wester-Straße 12
<97419> Postfach

Telefon (0 97 21) 56-0
Telefax (0 97 21) 56-34 99
Internet www.skf.com

Branche	Maschinenbau, KfZ-Zulieferindustrie	
Umsatz (in Mio. €)	1258 (2001)	1263 (2002)
Beschäftigte	6133 (2001)	6043 (2002)
Gesellschafter	SKF Group	
Aufsichtsrat	Vorsitzender Sune Carlsson	
Geschäftsführung	Gunnar Gremlin (Vors.), Otmar Arnold, Rainer Deeg, Karsten Faust, Matthias J. Haupt, Gerhard Schneeweis, Heinz Schonunger, Joachim Seubert, Dietrich Spiegel, Bernd Stephan	
Bilanztermin	31.12.	

SMS AG, Düsseldorf

40237 Düsseldorf
Eduard-Schloemann-Straße 4
<40088> Postfach 23 02 29

Telefon (02 11) 8 81-0
Telefax (02 11) 8 81-49 02
Internet www.sms-ag.de

Branche	Maschinenbau, Anlagenbau	
Umsatz (in Mio. €)	2339 (2001)	2189 (2002)
Beschäftigte	9141 (2001)	9419 (2002)
Großaktionäre	MAN AG, Siemag Weiss Stiftung & Co. KG	
Aufsichtsrat	Vorsitzender Dr.-Ing. E. h. Rudolf Rupprecht	
Vorstand	Dipl.-Ing. Heinrich Weiss (Vors.), Dr. rer. nat. Helmut Eschwey, Dr. Michael Hanisch, Dieter Rosenthal, Heinz Wirke	
Bilanztermin	30.6.	

Solvadis AG*

60323 Frankfurt
Lurgiallee 5

Telefon (0 69) 5 70 07-0
Telefax (0 69) 5 70 07-11 25
Internet www.solvadis.com

Branche	Chemiehandel, Erz- und Metallhandel, Stahl und Recycling	
Umsatz (in Mio. €)	1406 (2001)	1440 (2002)
Beschäftigte	902 (2001)	900 (2002)
Alleinaktionär	mg technologies AG	
Aufsichtsrat	Vorsitzender Jürg Oleas	
Vorstand	Dipl.-Kfm. Michael Bloch (Vors.), Karlheinz Hornung, Dr. Rolf G. Niemann	
Bilanztermin	30.9.	

* ehem. MG Trade Services AG

Solvay Deutschland GmbH

30173 Hannover
Hans-Böckler-Allee 20
<30002> Postfach 2 20

Telefon (05 11) 8 57-0
Telefax (05 11) 8 57-23 05
Internet www.solvay.com

Branche	Chemie, Pharma	
Umsatz (in Mio. €)	1853 (2001)	1633 (2002)
Beschäftigte	5745 (2001)	5072 (2002)
Gesellschafter	Solvay S.A., Brüssel	
Aufsichtsrat	Vorsitzender Dr. Jürgen Bilstein	
Geschäftsführung	Jacques Thoelen (Vors. bis 31.12.2003), Günther Nadolny, Dr. rer. pol. Bernd J. Tesche (Vors. ab 1.1.2004)	
Bilanztermin	31.12.	

Sonepar Deutschland GmbH

40215 Düsseldorf
Fürstenwall 183-185
<40001> Postfach 10 49 21

Telefon (02 11) 9 94 10-0
Telefax (02 11) 38 39 95
Internet www.sonepar.de

Branche	Großhandel (Elektrotechnik)	
Umsatz (in Mio. €)	1099 (2001)	1164 (2002)
Beschäftigte	3680 (2001)	3570 (2002)
Gesellschafter	Sonepar S.A. (100%)	
Aufsichtsrat	Vorsitzender W.F. Zetteler Zetteler,	
Geschäftsführung	Frank H. Lakerveld	
Bilanztermin	31.12.	

Sony Deutschland GmbH

50829 Köln
Hugo-Eckener-Straße 20
<50782> Postfach 30 12 49

Telefon (02 21) 5 37-0
Telefax (02 21) 5 37-3 49
Internet www.sony.de

Branche	Elektronik	
Umsatz (in Mio. €)	1462 (2001)	1332 (2002)
Beschäftigte	1114 (2001)	1149 (2002)
Gesellschafter	Sony Overseas, Sony Corporation	
Aufsichtsrat	Vorsitzender Otto Zich	
Geschäftsführung	Leopold Bonengl (Vors.), Serge Foucher, Dr. Jan Kadelke, Jürgen Küpper	
Bilanztermin	31.3.	

SPAR Handels-AG

22867 Schenefeld
Osterbrooksweg 35-45
<20097> Postfach

Telefon (0 40) 83 94-0
Telefax (0 40) 83 94-15 82
Internet www.spar.de

Branche	Groß- und Einzelhandel
Umsatz (in Mio. €)	6740 (2001) 6508 (2002)
Beschäftigte	24378 (2001) 23041 (2002)
Großaktionäre	Intercontessa AG 75% + 1 Aktie, ITM Enterprises S.A. 7,9%
Aufsichtsrat	Vorsitzender Veit-Gunnar Schüttrumpf
Vorstand	Dr. Fritz Amann (Vors.), Olaf Herrschel, Dr. Wolf-Dietrich von Heyking
Bilanztermin	31.12.

Axel Springer Verlag AG

10888 Berlin
Axel-Springer-Straße 65

Telefon (0 30) 25 91-0
Telefax (0 30) 25 16 078
Internet www.asv.de

Branche	Medien
Umsatz (in Mio. €)	2863 (2001) 2776 (2002)
Beschäftigte	14069 (2001) 13203 (2002)
Großaktionäre	Axel Springer Gesellschaft für Publizistik GmbH & Co 50% und 1 Aktie, Print Beteiligungs-GmbH 40,08%
Aufsichtsrat	Vorsitzender Dr. Guiseppe Vita
Vorstand	Dr. Mathias Döpfner (Vors.), Rudolf Knepper, Hubertus Meyer-Burckhardt, Steffen Naumann, Dr. Andreas Wiele
Bilanztermin	31.12.

Stadtwerke Köln GmbH

50823 Köln
Parkgürtel 24
<50455> Postfach 10 15 43

Telefon (02 21) 1 78-0
Telefax (02 21) 1 78-22 22
Internet www.stadtwerkekoeln.de

Branche	Energieversorgung
Umsatz (in Mio. €)	1740 (2001) 2137 (2002)
Beschäftigte	9549 (2001) 10298 (2002)
Gesellschafter	Stadt Köln 100%
Aufsichtsrat	Vorsitzender Prof. Dr. Rolf Bietmann
Geschäftsführung	Wilfried Räpple (Vors.), Helmut Haumann, Dr. Erhard Schrameyer
Bilanztermin	31.12.

Stadtwerke München GmbH

80331 München
Blumenstraße 19
<80287> Postfach

Telefon (0 89) 23 61-1
Telefax (0 89) 23 61-51 60
Internet www.swm.de

Branche	Energieversorgung	
Umsatz (in Mio. €)	2033 (2001)	1980 (2002)
Beschäftigte	5079 (2001)	7317 (2002)
Aufsichtsrat	Vorsitzender Christian Ude	
Werkleitung	Dr. Kurt Mühlhäuser (Vors.), Reinhard Büttner, Dipl.-Ing. Enno Ihnken, Dipl. oec. Herbert König	
Bilanztermin	31.12.	

STAHLwerke BREMEN GmbH

28237 Bremen
Auf den Delben 35
<28222> Postfach 21 02 20

Telefon (04 21) 6 48-0
Telefax (04 21) 6 48-20 35
Internet www.stahlwerke-bremen.de

Branche	Stahlindustrie	
Umsatz (in Mio. €)	1125 (2001)	1105 (2002)
Beschäftigte	4255 (2001)	4215 (2002)
Gesellschafter	Sidmar N.V. 67,68%, Hanseatische Industriebeteiligungen 32,32%	
Aufsichtsrat	Vorsitzender Hedwig Vergote	
Vorstand	Dr. Alphonse Schoder (Vors.), Hans-Jürgen Blöcker, Robrecht Himpe, Dipl.Soz.wiss. Uwe Schmidt	
Bilanztermin	31.12.	

STEAG AG

45128 Essen
Rüttenscheider Straße 1-3
<45117> Postfach

Telefon (02 01) 8 01-0
Telefax (02 01) 8 01-63 88
Internet www.steag.de

Branche	Energieversorgung	
Umsatz (in Mio. €)	1430 (2001)	1178 (2002)
Beschäftigte	4440 (2001)	3532 (2002)
Großaktionär	Ruhrkohle Beteiligungs-GmbH 71,08%	
Aufsichtsrat	Vorsitzender Karl Starzacher	
Vorstand	Dr. rer. pol. Jochen Melchior (Vors.), Dr.-Ing. Heinz Scholtholt, Dr. Jörg Terrahe, Michael Willems	
Bilanztermin	31.12.	

ANDREAS STIHL AG & Co.

71336 Waiblingen	Telefon (0 71 51) 26-0
Badstraße 115	Telefax (0 71 51) 26-11 40
<71307> Postfach 17 71	Internet www.stihl.de

Branche	Maschinenbau	
Umsatz (in Mio. €)	1473 (2001)	1533 (2002)
Beschäftigte	6952 (2001)	7282 (2002)
Eigentümer	Hans Peter Stihl, Eva Mayr-Stihl, Dr. Rüdiger Stihl, Gerhild Schetter	
Vorstand	Dr. Bertram Kandziorza (Vors.), Dr. Peter Dierolf, Dr. Stefan Popp, Wolfgang Zahn	
Bilanztermin	31.12.	

Still GmbH

22113 Hamburg	Telefon (0 40) 73 39-0
Berzeliusstr. 10	Telefax (0 40) 73 39-12 49
<22097> Postfach 74 07 20	Internet www.still.de

Branche	Maschinenbau	
Umsatz (in Mio. €)	1110 (2001)	1078 (2002)
Beschäftigte	6228 (2001)	6326 (2002)
Gesellschafter	Linde AG 100%	
Aufsichtsrat	Vorsitzender Dr. Hans-Peter Schmohl	
Geschäftsführer	Dr. Klaus Fuchs (Vors.), Horst Peter Jäger, Norbert Pfeiffer, Jens Reinecke	
Bilanztermin	31.12.	

Stinnes AG

45472 Mülheim a.d.Ruhr	Telefon (02 08) 4 94-0
Stinnes-PLatz 1	Telefax (02 08) 4 94-72 28
<45466> Postfach 10 19 54	Internet www.stinnes.de

Branche	Verkehr, Chemie, Werkstoffe	
Umsatz (in Mio. €)	12304 (2001)	11761 (2002)
Beschäftigte	42714 (2001)	444320 (2002)
Großaktionär	Deutsche Bahn AG	
Aufsichtsrat	Vorsitzender Hartmut Mehdorn	
Vorstand	Dr. Bernd Malmström (Vors.), Martin Müller-Frerich, Dr. Klaus Ridder	
Bilanztermin	31.12.	

Stinnes Interfer AG

45141 Essen
Stoppenberger Straße 100
<45036> Postfach 10 36 43

Telefon (02 01) 83 17-0
Telefax (02 01) 83 07-2 10
Internet www.stinnes-interfer.de

Branche	Werkstofflogistik	
Umsatz (in Mio. €)	1461 (2001)	1141 (2002)
Beschäftigte	2111 (2001)	1893 (2002)
Alleinaktionär	Stinnes AG	
Vorstand	Martin Müller-Frerich (Vors.), Ludolf v. Eckardstein, Detlev Ewers, Jürgen Kley	
Bilanztermin	31.12.	

August Storck KG

13403 Berlin
Waldstraße 27

Telefon (0 30) 4 17 73-03
Telefax (0 30) 4 17 73-3 43
Internet www.storck.de

Branche	Nahrungs- und Genußmittel	
Umsatz (in Mio. €)*	1000 (2001)	1200 (2002)
Beschäftigte*	3900 (2001)	3974 (2002)
Geschäftsführung	Klaus Oberwelland (Vors.), Jürgen Eifler, Werner Koch, Bruno Keßler	
Bilanztermin	31.12.	

* alle Angaben geschätzt

STRABAG AG

50679 Köln
Siegburger Straße 241
<50535> Postfach 21 11 20

Telefon (02 21) 8 24-01
Telefax (02 21) 8 24-29 36
Internet www.strabag.de

Branche	Bauindustrie	
Umsatz (in Mio. €)	3371 (2001)	3209 (2002)
Beschäftigte	11208 (2001)	10997 (2002)
Großaktionär	BIBAG Bauindustrie Beteiligungs-AG, Wien 51%	
Aufsichtsrat	Vorsitzender Dr. Hans-Peter Haselsteiner	
Vorstand	Dr. rer. pol. Jürgen Kuchenwald (Vors. bis 31.12.2003), Thomas Birtel, Dipl.-Ing. Nematollah Farrokhnia, Roland Jurecka, Fritz Oberlechner	
Bilanztermin	31.12.	

Südfactoring GmbH

70037 Stuttgart Stuttgart
Heilnronner Straße 86
<70037 > Postfach 10 42 44

Telefon (07 11) 1 27-72
Telefax (07 11) 1 27-59 92
Internet www.suedfactoring.de

Branche	Factoring	
Umsatz (in Mio. €)	2608 (2001)	1944 (2002)
Beschäftigte	86 (2001)	80 (2002)
Gesellschafter	Landesbank Baden-Württemberg	
Geschäftsführung	Hans Volker Mayer	
Bilanztermin	31.12.	

Südfleisch Holding AG

80337 München
Zenettiplatz 1
<80050> Postfach 15 18 29

Telefon (0 89) 72 03-0
Telefax (0 89) 72 03-4 10
Internet www.suedfleisch.de

Branche	Großhandel, Außenhandel (Nutz-und Schlachtvieh)	
Umsatz (in Mio. €)	1365 (2001)	1289 (2002)
Beschäftigte	3873 (2001)	3648 (2002)
Großaktionäre	Bayerische Raiffeisen Beteiligungs-AG 10,76%, VVG Niederbayern 27,88%, VVG Oberbayern 14,21%	
Aufsichtsrat	Vorsitzender Wolfgang Zoll	
Vorstand	Dipl.-Ing. Karl-Heinz Kiesel (Vors.), Dipl.-Kfm. Volkmar Taucher	
Bilanztermin	31.12.	

Südleasing GmbH

68165 Mannheim
Augustaanlage 33
<68004> Postfach 10 04 64

Telefon (06 21) 1 88-0
Telefax (06 21) 1 88-2 82
Internet www.suedleasing.de

Branche	Leasing	
Umsatz (in Mio. €)	2799 (2001)	3040 (2002)
Beschäftigte	520 (2001)	520 (2002)
Gesellschafter	Landesbank Baden-Württemberg	
Geschäftsführung	Dr. Martin Starck (Vors.), Dr. Udo Schier	
Bilanztermin	31.12.	

SÜDZUCKER AG Mannheim/Ochsenfurt

68165 Mannheim
Maximilianstraße 10
<68028> Postfach 10 28 55

Telefon (06 21) 4 21-0
Telefax (06 21) 4 21-3 93
Internet www.suedzucker.de

Branche	Nahrungs- und Genußmittel (Zuckerindustrie)	
Umsatz (in Mio. €)	4664 (2001)	4775 (2002)
Beschäftigte	28415 (2001)	23638 (2002)
Großaktionäre	Süddeutsche Zuckerrübenverwaltungs-Genossenschaft 55%, Deutsche Bank 11,3%, ZSG Netherlands B.V. 6,3%	
Aufsichtsrat	Vorsitzender Hans-Jörg Gebhard	
Vorstand	Dr. Theo Spettmann (Vors.), Albert Dardenne, Dr. Christoph Kirsch, Markwart Kunz, Johann Marihart, Dr. Rudolf Müller, Frédéric Rostand	
Bilanztermin	28.2.	

T-Mobile Deutschland GmbH

53227 Bonn
Landgrabenweg 51
<53184> Postfach 30 04 63

Telefon (02 28) 9 36-0
Telefax (02 28) 9 36-93 60
Internet www.t-d1.de

Branche	Mobilfunkdienste	
Umsatz (in Mio. €)	7075 (2001)	7799 (2002)
Beschäftigte	9488 (2001)	9000 (2002)
Gesellschafter	Deutsche Telekom AG 100%	
Aufsichtsrat	Vorsitzender Kai-Uwe Ricke	
Geschäftsführung	Tomotheus Höttges (Vors.), Thomas Berlemann, Stefan Gilica, Joachim Horn, Klaus Hummel (bis 31.12.2003) , Martin Knauer, Holger Kranzusch, Raphael Kübler, Dr. Steffen Roehn	
Bilanztermin	31.12.	

T-Systems International GmbH

53113 Bonn
Friedrich-Ebert-Allee 140

Telefon (02 28) 1 81-0
Telefax (02 28) 1 81-9 40 04
Internet www.t-systems.de

Branche	Telekommunikation	
Umsatz (in Mio. €)	11800 (2001)	11309 (2002)
Beschäftigte	41500 (2001)	43482 (2002)
Gesellschafter	Deutsche Telekom AG	
Aufsichtsrat	Vorsitzender Josef Brauner	
Geschäftsführung	Konrad Reiss (Vors.), Dr. Jürgen Hernichel, Michael Hofmann	
Bilanztermin	31.12.	

Talkline GmbH

25388 Elmshorn
Talkline Platz 1Adenauerdamm 1
<25333> Postfach 1 29

Telefon (0 41 21) 41-00
Telefax (0 41 21) 41-49 50
Internet www.talkline.de

Branche	Mobilfunkdienste	
Umsatz (in Mio. €)	1259 (2001)	1030 (2002)
Beschäftigte	1100 (2001)	1000 (2002)
Gesellschafter	Tele Danmark A/S	
Aufsichtsrat	Vorsitzender Henning Dyremose	
Geschäftsführer	Henning Vest (Vors.), Magens Soegaard Hansen	
Bilanztermin	31.12.	

Tarkett Sommer AG

67227 Frankenthal
Nachtweideweg 1-7
<67225> Postfach

Telefon (0 62 33) 81-0
Telefax (0 62 33) 81-16 48
Internet www.tarkett-sommer.com

Branche	Bodenbeläge	
Umsatz (in Mio. €)	1429 (2001)	1437 (2002)
Beschäftigte	6967 (2001)	7273 (2002)
Aufsichtsrat	Vorsitzender Prof. Dr. Dieter Feddersen	
Vorstand	Marc Assa (Vors.), Michel Cognet	
Bilanztermin	31.12.	

TCHIBO HOLDING AG*

22297 Hamburg
Überseering 18
<22290> Postfach

Telefon (0 40) 63 87-0
Telefax (0 40) 63 87-20 44
Internet www.tchibo-konzern.de

Branche	Nahrungs- und Genußmittel	
Umsatz (in Mio. €)	9955 (2001)	3067 (2002)
Beschäftigte	20349 (2001)	10200 (2002)
Alleinaktionär	Familie Herz	
Aufsichtsrat	Vorsitzender Dr. Jens Odewald	
Vorstand	Dieter Ammer (Vors.), Dr. Peter Diesch	
Bilanztermin	31.12.	

* Verkauf der Reemtsma Cigarettenfabriken am 7.3.2002

Tech Data Germany AG

81379 München
Wolfratshauserstr. 84
<81301> Postfach 18 17

Telefon (0 89) 74 27-0
Telefax (0 89) 74 27-30 00
Internet www.techdata.com

Branche	Großhandel, Dienstleistungen (EDV-Hard-und Software)	
Umsatz (in Mio. €)	7638 (2001)	7149 (2002)
Beschäftigte	4351 (2001)	4303 (2002)
Großaktionär	Tech Data Corp.	
Aufsichtsrat	Vorsitzender Dr. Gustav A. Lange	
Vorstand	Steven A. Raymund	
Bilanztermin	31.1.	

Tengelmann Unternehmensgruppe*

45478 Mülheim
Wissollstraße 5-43
<45466> Postfach 10 20 53

Telefon (02 08) 58 06-0
Telefax (02 08) 58 06-4 01
Internet www.tengelmann.de

Branche	Einzelhandel (Lebensmittel)	
Umsatz (in Mio. €)	26650 (2001)	25147 (2002)
Beschäftigte	82000 (2001)	81000 (2002)
Geschäftsführung	Karl-Erivan Haub (Vors.), Dr. Jens-Jürgen Böckel, Peter Zühlsdorff	
Bilanztermin	30.6.	

* Umwandlung von der OHG in eine KG zum 1.7.2002

Thüga-Gruppe

80802 München
Mandlstraße 3

Telefon (0 89) 3 81 97-0
Telefax (0 89) 3 81 97-2 56
Internet www.thuega.de

Branche	Energieversorgung	
Umsatz (in Mio. €)	9200 (2001)	8400 (2002)
Beschäftigte	17200 (2001)	17000 (2002)
Gesellschafter	EON Energie 67,3%, Contigas 18,9%, RGE 10%	
Aufsichtsrat	Vorsitzender Dr. Johannes Teyssen	
Vorstand	Armin Geiß (Vors.), Klaus Schäfer	
Bilanztermin	31.12.	

Thyssengas GmbH

47166 Duisburg
Duisburger Straße 277
<47145> Postfach 11 05 62

Telefon (02 03) 55 55-0
Telefax (02 03) 55 55-4 71
Internet www.thyssengas.de

Branche	Erdgas	
Umsatz (in Mio. €)	1364 (2001)	1252 (2002)
Beschäftigte	355 (2001)	342 (2002)
Gesellschafter	RWE AG 75%, Shell Petroleum N.V. 25%	
Aufsichtsrat	Vorsitzender Dr. Manfred Scholle	
Geschäftsführung	Jörg Scheler (Vors.), Christian Heinrich, Dr. Wandulf Kaufmann	
Bilanztermin	31.12.	

Thyssen Krupp AG

40211 Düsseldorf
August-Thyssen-Straße 1
<40001> Postfach 10 10 10

Telefon (02 11) 8 24-0
Telefax (02 11) 8 24- 360 00
Internet www.thyssenkrupp.com

Branche	Stahl, Industries, Automotive, Materials & Services	
Umsatz (in Mio. €)	38007 (2001)	36697 (2002)
Beschäftigte	193516 (2001)	191254 (2002)
Großaktionäre	Alfried Krupp von Bohlen und Halbach-Stiftung 16,82%, Iran Foreign Investment Company 7,69%	
Aufsichtsrat	Vorsitzender Dr. Gerhard Cromme	
Vorstand	Prof. Dr.-Ing. Ekkehard Schulz (Vors.), Dr. rer. oec. Olaf Berlien, Edwin Eichler, Dr. Jürgen Harnisch (bis 14.4.2004), Dieter Hennig, Dr. Stefan Kirsten, Ralph Labonte, Dr. Ulrich Middelmann, Dr. Wolfram Mörsdorf (ab 19.5.2004), Prof. Dr.-Ing. Eckhard Rohkamm (bis 21.2.2004)	
Bilanztermin	30.9.	

Thyssen Krupp Automotive AG

44793 Bochum
Alleestraße 165
<44714> Postfach 10 14 11

Telefon (02 34) 9 19-06
Telefax (02 34) 9 19-64 99
Internet www.thyssenkrupp-automotive.de

Branche	KfZ-Zulieferindustrie	
Umsatz (in Mio. €)	6212 (2001)	6336 (2002)
Beschäftigte	40655 (2001)	38425 (2002)
Gesellschafter	Thyssen Krupp AG	
Aufsichtsrat	Vorsitzender Prof. Dr.-Ing. Ekkehard D. Schulz	
Vorstand	Dr.-Ing. Wolfram Mörsdorf (Vors.), Hans-Peter Breker, Dr. Rainer Eisele, Dr. Dirk Hoffmann, Gerd Kappelhoff, Dr.-Ing. Karsten Kroos	
Bilanztermin	30.9.	

Thyssen Krupp Elevator AG

73765 Neuhausen
Bernhäuser Straße 45
<70623> Postfach 23 03 70

Telefon (0 71 58) 12-0
Telefax (07158- 12-25 85
Internet www.thyssenkrupp.com

Branche	Aufzüge, Fahrtreppen, Fluggastbrücken	
Umsatz (in Mio. €)	3515 (2001)	3499 (2002)
Beschäftigte	28500 (2001)	28768 (2002)
Aufsichtsrat	Vorsitzender Hans-Erich Forster	
Geschäftsführung	Gary Elliott (Vors.), Dr. Michael Ende, Dr. Joachim Panek	
Bilanztermin	30.9.	

Thyssen Krupp Materials AG

40235 Düsseldorf
Hans-Günther-Sohl-Straße 1
<40041> Postfach 10 50 41

Telefon (02 11) 9 67-0
Telefax (02 11) 9 67- 50 00
Internet www.thyssenkrupp-materials.com

Branche	Werkstoffe	
Umsatz (in Mio. €)	10124 (2001)	8875 (2002)
Beschäftigte	14135 (2001)	13743 (2002)
Alleinaktionär	ThyssenKrupp AG	
Aufsichtsrat	Vorsitzender Prof. Dr. Ekkehard Schulz	
Vorstand	Dr. Hans-Erich Forster (Vors.), Karl-Heinz Lahrs, Joachim Limberg, Klaus Pannenbäcker, Reinhard Quint, Prof. Dr. Rolf Reppel	
Bilanztermin	30.9.	

Thyssen Krupp Nirosta GmbH

47807 Krefeld
Oberschlesienstraße 16
<47794> Postfach

Telefon (0 21 51) 83-01
Telefax (0 21 51) 83-20 22
Internet www.nirosta.de

Branche	Stahlindustrie	
Umsatz (in Mio. €)	1666 (2001)	1689 (2002)
Beschäftigte	4744 (2001)	4785 (2002)
Gesellschafter	Thyssen Krupp Stainless GmbH	
Aufsichtsrat	Vorsitzender Dr. Helmut Hadrys	
Vorstand	Jürgen H. Fechter (Vors.), Dr.-Ing. Jörg Beindorf, Klaus-Peter Hennig, Volker Stahl	
Bilanztermin	30.9.	

Thyssen Krupp Schulte GmbH

40235 Düsseldorf
Hans-Günther-Sohl-Straße 1
<40001> Postfach 10 10 46

Telefon (02 11) 9 67-0
Telefax (02 11) 9 67-50 00
Internet www.thyssenkrupp-schulte.de

Branche	Werkstoffhandel	
Umsatz (in Mio. €)	4203 (2001)	4199 (2002)
Beschäftigte	8890 (2001)	9000 (2002)
Gesellschafter	Thyssen Krupp Materials AG 100%	
Beirat	Dr. Hans-Erich Forster (Vors.)	
Vorstand	Karl-Heinz Lahrs (Vors.), Helmut Dunkhase, Werner Eschbach, Joachim Limberg, Willi Schiller	
Bilanztermin	30.9.	

Thyssen Krupp Serv AG

40235 Düsseldorf
Hans-Günther-Sohl-Straße 1
<40041> Postfach 10 50 01

Telefon (02 11) 9 67-0
Telefax (02 11) 9 67-50 00
Internet www.thyssenkrupp-serv.de

Branche	Industriedienstleistungen	
Umsatz (in Mio. €)	2589 (2001)	2540 (2002)
Beschäftigte	25665 (2001)	25932 (2002)
Alleinaktionär	ThyssenKrupp AG	
Aufsichtsrat	Vorsitzender Dr. Hans-Erich Forster	
Vorstand	Dr. Thomas Ludwig (Vors.), Dr. Eckart Brockfeld, Dr. Peter Chylla, Günther Giffels, Rolf-Bernd Maas, Prof. Dr. Rolf Reppel	
Bilanztermin	30.9.	

Thyssen Krupp Stahl AG

47166 Duisburg
Kaiser-Wilhelm-Straße 100
<47161> Postfach

Telefon (02 03) 52-1
Telefax (02 03) 52-2 51 02
Internet www.thyssen-krupp-stahl.de

Branche	Stahlindustrie	
Umsatz (in Mio. €)	10571 (2001)	5090 (2002)
Beschäftigte	21167 (2001)	20307 (2002)
Großaktionär	Thyssen Krupp Steel AG	
Aufsichtsrat	Vorsitzender Dr. Ulrich Middelmann	
Vorstand	Dr. Karl-Ulrich Köhler (Vors.), Dr. Reimund Göbel, Dieter Kroll, Dr. Hans-Ulrich Lindenberg, Dr. Jost A. Massenberg	
Bilanztermin	30.9.	

Thyssen Krupp Stainless GmbH

47166 Duisburg
Kaiser-Wilhelm-Straße 100

Telefon (02 03) 52 45 18-0
Telefax (02 03) 52 45 18-2
Internet www.stainless.thyssen-krupp.de

Branche	Stahlindustrie	
Umsatz (in Mio. €)	4235 (2001)	4019 (2002)
Beschäftigte	12716 (2001)	12074 (2002)
Aufsichtsrat	Vorsitzender Dr. Ulrich Middelmann	
Geschäftsführung	Helmut G. Hadrys (Vors.), Dr. Christian Bormann, Jürgen Fechter, Dr. Michael Rademacher, Giovanni Vespasiani	
Bilanztermin	30.9.	

Thyssen Krupp Steel AG*

47166 Duisburg
Kaiser-Wilhelm-Straße 100

Telefon (02 03) 52-1
Telefax (02 03) 52-2 51 01
Internet www.thyssen-krupp-steel.de

Branche	Holding	
Umsatz (in Mio. €)	12521 (2001)	11686 (2002)
Beschäftigte	51418 (2001)	50184 (2002)
Alleinaktionär	Thyssen Krupp AG	
Aufsichtsrat	Vorsitzender Prof. Dr. Ekkehard Schulz	
Vorstand	Dr. Ulrich Middelmann (Vors.), Dr. Helmut G. Hadrys, Dr. Karl-Ulrich Köhler, Ralph Labonte, Peter Urban	
Bilanztermin	30.9.	

* Konzern-Holding für den Stahlbereich

Thyssen Krupp Technologies AG

45128 Essen
Am Thyssenhaus 1
<45117> Postfach

Telefon (0201) 106-0
Telefax (0201) 20311
Internet www.thyssenkrupp-techn.com

Branche	Steel, Automotive, Industries, Enmgineering, Materials & Services, Immobilien	
Umsatz (in Mio. €)	5733 (2001)	5806 (2002)
Beschäftigte	32249 (2001)	32781 (2002)
Großaktionär	Thyssen Krupp AG	
Aufsichtsrat	Vorsitzender Dr. Ulrich Middelmann	
Vorstand	Olaf Berlien (Vors.), Dr. Hans Christoph Atzpodien, Prof. Dr.-Ing. Heinrich Igelbüscher, Prof. Dipl.-Ing. Rolf Lidl, Dipl.-Ing. Herbert von Nitzsch, Dr. Götz Sadtler, Dipl.-Kfm. Ulrich Ziolkowski	
Bilanztermin	30.09.	

B. & C. Tönnies GmbH & Co. KG

33378 Rheda-Wiedenbrück
In der Mark 2
<33353> Postfach 2540

Telefon (05242) 961-0
Telefax (05242) 961-105
Internet www.toennies.de

Branche	Nahrungsmittel	
Umsatz (in Mio. €)	1284 (2001)	1348 (2002)
Beschäftigte	2081 (2001)	1995 (2002)
Geschäftsführung	Clemens Tönnies	
Bilanztermin	31.12.	

Alfred C. Toepfer International (Gruppe)

20095 Hamburg
Ferdinandstraße 12
<20042> Postfach 10 61 20

Telefon (0 40) 30 13-0
Telefax (0 40) 30 13-6 34
Internet www.acti.de

Branche	Außenhandel, Großhandel	
Umsatz (in Mio. €)	5961 (2001)	5790 (2002)
Beschäftigte	739 (2001)	787 (2002)
Gesellschafter	InTrade Gruppe, Archer Daniels Midland Company	
Aufsichtsrat	Vorsitzender Bruno Catton	
Geschäftsführung	Jürgen Stephan (Vors.), Klaus Gudjons, Peter Jessel, Michael Lazardzig	
Bilanztermin	30.11.	

T-Online International AG

64331 Weiterstadt
Waldstraße 3

Telefon (0 61 51) 6 80-5 00
Telefax (0 61 51) 6 80-7 59
Internet www.t-online.de

Branche	Internet-Dienstleistungen	
Umsatz (in Mio. €)	1140 (2001)	1583 (2002)
Beschäftigte	2693 (2001)	2586 (2002)
Großaktionär	Deutsche Telekom 71,9%	
Aufsichtsrat	Vorsitzender Kai-Uwe Ricke	
Vorstand	Thomas Holtrop (Vors.), Veronika Altmeyer, Rainer Beaujean, Burkhard Graßmann, Thomas Hille, Andreas Kindt	
Bilanztermin	31.12.	

toom Baumarkt GmbH

50933 Köln
Stolberger Straße 90

Telefon (02 21) 1 49-60 00
Telefax (02 21) 1 49-96 40
Internet www.toombaumarkt.de

Branche	Baumarkt	
Umsatz (in Mio. €)	1344 (2001)	1258 (2002)
Beschäftigte	8000 (2001)	8000 (2002)
Gesellschafter	REWE-Gruppe	
Geschäftsführung	Georg Rothacher, Martin Söffge	
Bilanztermin	31.12.	

Toshiba Europe GmbH

41460 Neuss
Hammerfelddamm 8
<41414> Postfach 10 14 62

Telefon (0 21 31) 1 58-01
Telefax (0 21 31) 1 58-5 60
Internet www.toshiba.de

Branche	Informationstechnologie	
Umsatz (in Mio. €)	3796 (2001)	2509 (2002)
Beschäftigte	1979 (2001)	1891 (2002)
Gesellschafter	Toshiba Corporation (Tokio) 100%	
Geschäftsführung	Kenji Hachisu (Vors.)	
Bilanztermin	31.3.	

HERR THIEL

TOTAL FINA Elf Oil Deutschland GmbH *

10117 Berlin
Schützenstraße 25

Telefon (0 30) 20 27-60
Telefax (0 30) 20 27-88 33
Internet www.elf.de

Branche	Mineralölindustrie	
Umsatz (in Mio. €)	7536 (2001)	7089 (2002)
Beschäftigte	5704 (2001)	5039 (2002)
Gesellschafter	Total Fina Elf	
Aufsichtsrat	Vorsitzender Eric de Menzen de Homme	
Vorstand	Horst Schröter (Vors.), Alain Champeaux	
Bilanztermin	31.12.	

* Fusion mit TOTAL Deutschland GmbH und FINA Deutschland GmbH zur TOTAL FINA ELF OIL Deutschland GmbH in Vorbereitung.

Presse + Sponsoring
kommunikation@total.de

TOYOTA Deutschland Holding GmbH

50858 Köln
Toyota Allee 2
<50836> Postfach 40 06 64

Telefon (0 22 34) 1 02-0
Telefax (0 22 34) 1 02-70
Internet www.toyota.de

Branche	KfZ-Import	
Umsatz (in Mio. €)	1375 (2001)	1579 (2002)
Beschäftigte	451 (2001)	323 (2002)
Gesellschafter	Toyota Motor Corp. 100%	
Geschäftsführung	Dr. Panagiolis Athanasopoulos, Lothar Feuser, Takuro Hanai, Hisayuki Inoue, Markus Schrick, Mitsuo Tanaka, Tokuichi Uranishi	
Bilanztermin	31.12.	

Trumpf GmbH & Co. Maschinenfabrik

71254 Ditzingen
Johann-Maus-Straße 2
<71252> Postfach

Telefon (0 71 56) 3 03-0
Telefax (0 71 56) 3 03-3 09
Internet www.trumpf.com

Branche	Maschinenbau	
Umsatz (in Mio. €)	1165 (2001)	1218 (2002)
Beschäftigte	5219 (2001)	5561 (2002)
Geschäftsführer	Prof. Dr.-Ing. E.h. Berthold Leibinger (Vors.), Dipl.-Ing. Peter Leibinger, Nicola Leibinger-Kammüller, Dr.-Ing. Mathias Kammüller, Harald Völker	
Bilanztermin	30.6.	

TUI AG*

30625 Hannover
Karl-Wiechert-Allee 23
<30620> Postfach

Telefon (05 11) 5 67-0
Telefax (05 11) 5 67-13 01
Internet www.tui.com

Branche	Touristik	
Umsatz (in Mio. €)	22410 (2001)	20301 (2002)
Beschäftigte	69550 (2001)	70299 (2002)
Großaktionär	Preussag AG 100%WestLB	
Aufsichtsrat	Vorsitzender Dr. Michael Frenzel	
Vorstand	Dr. Ralf Corsten (Vors.), Hans Bakker, Sebastian Ebel, Georg Eisenreich, Wolfgang Kurth, Peter Seeger	
Bilanztermin	31.10.	

* bis 2000 Preussag AG

UNILEVER Deutschland GmbH

20355 Hamburg
Dammtorwall 15
<22770> Postfach 57 01 12

Telefon (0 40) 34 90-0
Telefax (0 40) 34 41 99
Internet www.unilever.com

Branche	Lebensmittel, Chemie	
Umsatz (in Mio. €)	3291 (2001)	3099 (2002)
Beschäftigte	11639 (2001)	10000 (2002)
Gesellschafter	Unilever N.V.	
Aufsichtsrat	Vorsitzender Dr. Okko Müller	
Geschäftsführung	Johann C. Lindenberg (Vors.), Michael Knoth, Herbert Mandel	
Bilanztermin	31.12.	

Unilever Bestfoods Deutschland GmbH & Co. OHG

20535 Hamburg
Dammtorwall 15

Telefon (0 40) 34 93-0
Telefax (0409 3493-35 20
Internet www.unilever.com

Branche	Nahrungs- und Genußmittel
Umsatz (in Mio. €)	1780 (2001) 1691 (2002)
Beschäftigte	1700 (2001) 1800 (2002)
Gesellschafter	CPC Europe (Group) Ltd. 100%
Aufsichtsrat	Vorsitzender Axel C.A. Krauss
Geschäftsführung	Johann C. Lindenberg (Vors.), Michael Bockisch, Michael Knoth, Herbert Mandel, Michael Müller, Andreas Sachs, Martina Sandrock, Ernst Schulte
Bilanztermin	30.9.

Vaillant GmbH

42859 Remscheid
Berghauser Str. 40
<42850> Postfach 10 10 61

Telefon (0 21 91) 18-0
Telefax (0 21 91) 18-28 10
Internet www.vaillant.de

Branche	Heizungstechnik
Umsatz (in Mio. €)	1575 (2001) 1750 (2002)
Beschäftigte	9279 (2001) 9300 (2002)
Aufsichtsrat	Vorsitzender Fritz Lehnen
Geschäftsführung	Dr. Michael Brosset, Claes Göransson
Bilanztermin	31.12.

VALEO GmbH

70168 Stuttgart
Engstlatter Weg 18

Telefon (07 11) 78 70-6 00
Telefax (07 11) 78 70-6 11
Internet www.valeo.com

Branche	KfZ-Zulieferindustrie
Umsatz (in Mio. €)	10234 (2001) 9802 (2002)
Beschäftigte	70000 (2001) 69100 (2002)
Aufsichtsrat	Vorsitzender Noel Goutard
Geschäftsführung	Thierry Horit (Vors.)
Bilanztermin	31.12.

Vattenfall Europe AG

10115 Berlin
Chausseestraße 23

Telefon (0 30) 81 82 22
Telefax (0 30) 81 82 3950
Internet www.vattenfall.de

Branche Energieversorgung
Umsatz (in Mio. €) 4065 (2001) 8860 (2002)
Beschäftigte 13898 (2001) 19578 (2002)
Aktionär(e) Vattenfall Deutschland GmbH 55,41%, Österede Kraft AB 36,41%
Aufsichtsrat Vorsitzender Lars Göran Josefsson
Vorstand Dr. Klaus Rauscher (Vors.), Hans-Jürgen Cramer, Prof. Dr. Kurt Häge, Berndt-Olof Helzén, Joachim Lubitz, Dr. Martin Martiny
Bilanztermin 31.12.

Vattenfall Europe Transmission GmbH

10115 Berlin
Chausseestraße 23

Telefon (0 30) 81 82 22
Telefax (0 30) 81 82 3950
Internet www.vattenfall.de

Branche Energieversorgung
Umsatz (in Mio. €) 1012 (2002)
Beschäftigte 634 (2002)
Gesellschafter Vattenfall Europe AG
Aufsichtsrat Vorsitzender Berndt-Olof Helzén
Geschäftsführung Jürgen Grieger, Wolfgang Neldner
Bilanztermin 31.12.

Vinci Deutschland GmbH

67059 Ludwigshafen
Bürgermeister-Grünzweig-Straße 1
<67050> Postfach 21 05 30

Telefon (06 21) 5 02-5 00
Telefax (06 21) 5 02-3 26
Internet www.vinci.de

Branche Bauindustrie
Umsatz (in Mio. €) 1309 (2001) 1214 (2002)
Beschäftigte 9022 (2001) 8253 (2002)
Gesellschafter Vinci S.A.
Aufsichtsrat Vorsitzender Antoine Zacharias
Geschäftsführung Siegfried Eichler (Vors.), Philippe Lemaistre, Jean-Louis Marchand
Bilanztermin 31.12.

Viterra AG

45131 Essen | Telefon (02 01) 4 59-01
Grugaplatz 2 | Telefax (02 01) 4 59-11 98
<45031> Postfach 10 31 52 | Internet www.viterra.de

Branche	Immobilienmanagement, Dienstleistungen
Umsatz (in Mio. €)	1291 (2001) 1226 (2002)
Beschäftigte	5735 (2001) 2683 (2002)
Alleinaktionär	E.ON AG
Aufsichtsrat	Vorsitzender Dr. Hans Michael Gaul
Vorstand	Dr.-Ing. Wolfhard Leichnitz (Vors.), Dr. Manfred Püschel, Michael Schnapp
Bilanztermin	31.12.

Frau Schultz 0201 459 1170
Marketing

VKG Vereinigter Küchenfachhandel GmbH & Co. KG

75179 Pforzheim | Telefon (0 72 31) 9 15-0
Karlsruher Straße 91 | Telefax (0 72 31) 9 15-1 60
<75118> Postfach 18 50 | Internet www.vkg.de

Branche	Ein- und Verkaufsvereinigungen (Küchenfachhandel)
Umsatz (in Mio. €)	2764 (2001) 1250 (2002)
Beschäftigte	115 (2001) 67 (2002)
Aufsichtsrat	Vorsitzender Johann Gärtner
Geschäftsführer	Dipl.-Wirtschafts-Ing. Dieter Mahr, Willi Lembeck
Bilanztermin	31.12.

VME Vereinigte Möbeleinkaufs-GmbH & Co. KG

33699 Bielefeld | Telefon (05 21) 2 08 85-0
An der Wesebreede 2 | Telefax (05 21) 2 08 85-60
<33698> Postfach 51 20 12 | Internet www.vme-einrichten.de

Branche	Ein- und Verkaufsvereinigungen (Möbeleinzelhandel)
Umsatz (in Mio. €)	2676 (2001) 2549 (2002)
Beschäftigte	64 (2001) 67 (2002)
Geschäftsführung	Günther Böhme, Peter Rombey, Reiner Stühl
Bilanztermin	31.12.

VNG Verbundnetz Gas AG

04347 Leipzig
Braunstraße 7
<04332> Postfach 24 12 63

Telefon (03 41) 4 43-0
Telefax (03 41) 4 43-15 00
Internet www.vng.de

Branche	Energieversorgung	
Umsatz (in Mio. €)	3113 (2001)	2893 (2002)
Beschäftigte	743 (2001)	689 (2002)
Großaktionäre	Ruhrgas Energie Beteiligungs-AG 36,84%, Wintershall Erdgas Beteiligungs-GmbH 15,79% + 1 Aktie, VNG Verbundnetz Gas Verwaltungs-u.Beteiligungs-GmbH 15,79%, BEB Erdgas und Erdöl GmbH 10,53%	
Aufsichtsrat	Vorsitzender Dr. Burckhard Bergmann	
Vorstand	Dr.-Ing. Klaus-Ewald Holst (Vors.), Wolfgang F. Eschment, Prof. Dr. rer. pol. Gerhardt Wolff	
Bilanztermin	31.12.	

Frau Küntler
Abt. MMV

Vodafone D2 GmbH

40547 Düsseldorf
Am Seestern 1
<40543> Postfach 11 08 46

Telefon (02 11) 5 33-0
Telefax (02 11) 5 33-22 00
Internet www.vodafone.de

Branche	Mobilfunkdienste	
Umsatz (in Mio. €)	1666 (2001)	6836 (2002)
Beschäftigte	9706 (2001)	9674 (2002)
Gesellschafter	Vodafone AirTouch	
Aufsichtsrat	Vorsitzender Julian Horn-Smith	
Geschäftsführung	Jürgen von Kuczkowski (Vors.), Karl-Ludwig Dilfer, Helmut Hoffmann, Dr. Michael Paetsch, Albert Weismüller	
Bilanztermin	31.3.	

Voith AG

89522 Heidenheim
Sankt Pöltener Straße 43
<89509> Postfach 19 40

Telefon (0 73 21) 37-0
Telefax (0 73 21) 37-70 00
Internet www.voith.com

Branche	Maschinenbau	
Umsatz (in Mio. €)	3320 (2001)	3289 (2002)
Beschäftigte	23507 (2001)	24229 (2002)
Großaktionär	Familie Voith	
Aufsichtsrat	Vorsitzender Dr. Michael Rogowski	
Vorstand	Dr. Hermut Kormann (Vors.), Dr.-Ing. Günter Armbruster, Dr. Hermann Jung, Dr. Hubert Lienhard, Hans Müller, Dr. Hans-Peter Sollinger	
Bilanztermin	30.9.	

VOLKSWAGEN AG

38436 Wolfsburg

Telefon (0 53 61) 9-0
Telefax (0 53 61) 9-2 82 82
Internet www.volkswagen.de

Branche	Automobilindustrie	
Umsatz (in Mio. €)	88539 (2001)	86948 (2002)
Beschäftigte	279892 (2001)	324892 (2002)
Großaktionär	Land Niedersachsen 18,60%	
Aufsichtsrat	Vorsitzender Dr.-Ing. Ferdinand Piech	
Vorstand	Dipl.-Ing. Bernd Pischetsrieder (Vors.), Bruno Adelt (bis 31.12.2003) , Prof. Dr. Wilfried Bockelmann, Francicso Javier Garcia Sanz, Dr. rer. pol. h. c. Peter Hartz, Dr. jur. Jens Neumann, Hans Dieter Pötsch, Volker Weißgerber, Dr. Martin Winterkorn	
Bilanztermin	31.12.	

Volkswagen Leasing GmbH

38112 Braunschweig
Gifhorner Straße 57
<38094> Postfach 33 31

Telefon (05 31) 2 12 03
Telefax (05 31) 21 23 148
Internet www.vwleasing.de

Branche	Kfz-Leasing	
Umsatz (in Mio. €)	3588 (2001)	3936 (2002)
Beschäftigte	530 (2001)	530 (2002)
Gesellschafter	Volkswagen Financial Services AG 100%	
Aufsichtsrat	Vorsitzender Dr. Jens Neumann	
Geschäftsführung	Dr. Hans-Peter Lützenkirchen, Karl Heinz Schmidt	
Bilanztermin	31.12.	

Volkswagen Sachsen GmbH

08129 Mosel
Glauchauer Straße

Telefon (03 75) 55-0
Telefax (03 75) 55-23 23
Internet www.volkswagen-sachsen-de

Branche	Automobilindustrie	
Umsatz (in Mio. €)	4815 (2001)	4287 (2002)
Beschäftigte	6840 (2001)	6927 (2002)
Gesellschafter	Volkswagen AG	
Aufsichtsrat	Vorsitzender Dr. Barthel Schröder	
Geschäftsführung	Günter Keilhofer, Michael Oeljeklaus, Axel Strotbek	
Bilanztermin	31.12.	

Volkswagen Transport GmbH & Co. oHG

38436 Wolfsburg

Telefon (0 53 61) 2 63-0
Telefax (0 53 61) 2 63-4 00
Internet www.volkswagen-transport.de

Branche	Transporte	
Umsatz (in Mio. €)	1672 (2001)	1620 (2002)
Beschäftigte	1895 (2001)	1656 (2002)
Gesellschafter	VW AG, AUDI AG	
Aufsichtsrat	Vorsitzender Volker Weißgerber	
Geschäftsführung	Johannes M. Fritzen (Vors.), Günter Pietsch	
Bilanztermin	31.12.	

FRANK SCHULTZ
Messen + Events.

Volvo Car Germany GmbH

50996 Köln
Ringstraße 38-44
<50981> Postfach 50 21 01

Telefon (02 21) 93 93-0
Telefax (02 21) 93 93-1 55
Internet www.volvocars.de

Branche	KfZ-Import	
Umsatz (in Mio. €)	1071 (2001)	1040 (2002)
Beschäftigte	221 (2001)	236 (2002)
Gesellschafter	Ford Motor Company 100%	
Aufsichtsrat	Vorsitzender Hans Olof Olsson	
Geschäftsführung	Dieter Laxy (Vors.), Alwin Popken	
Bilanztermin	31.12.	

Vorwerk & Co. KG

42275 Wuppertal
Mühlenweg 17-37
<42270> Postfach

Telefon (02 02) 5 64-0
Telefax (02 02) 5 64-13 01
Internet www.vorwerk.de

Branche	Raumpflege, Teppichböden	
Umsatz (in Mio. €)	1217 (2001)	1231 (2002)
Beschäftigte	15632 (2001)	16602 (2002)
Beirat	Günter Busch (Vors.), Dr. Pius Baschera, Prof. Dr. Hubertus Christ, Dr. Axel Epe, Verena Klüser, Jens Mittelsten Scheid, Karen Schmidt-Paas	
Pers. haft. Gesellsch.	Dr. Jörg Mittelsten Scheid, Achim Schwanitz	
Bilanztermin	31.12.	

VR-LEASING GmbH

65760 Eschborn
Hauptstraße 131-137
<65730> Postfach

Telefon (0 61 96) 99-36 60
Telefax (0 61 96) 99-36 99
Internet www.vr-leasing.de

Branche	Leasing	
Umsatz (in Mio. €)	1691 (2001)	2835 (2002)
Beschäftigte	1018 (2001)	1392 (2002)
Gesellschafter	DZ Bank 65,73%, WGZ Bank 20%, VL Beteiligungs-GmbH 14,27%,	
Aufsichtsrat	Vorsitzender Peter Dieckmann	
Geschäftsführung	Reinhard Gödel (Vors.), Bernd Ehrhardt, Ludwig W. Schott	
Bilanztermin	31.12.	

Wacker Silitronic Gesellschaft für Halbleitermaterialen AG

84489 Burghausen
Johannes-Hess-Straße 24
<84479> Postfach 11 40

Telefon (0 86 77) 83-0
Telefax (0 86 77) 6 21 71
Internet www.wacker-silitronic.com

Branche	Chemie	
Umsatz (in Mio. €)	1070 (2001)	1016 (2002)
Beschäftigte	7164 (2001)	6953 (2002)
Alleinaktionär	Wacker-Chemie GmbH	
Aufsichtsrat	Vorsitzender Dr. Peter-Alexander Wacker	
Vorstand	Herbert Schmid (Vors.), Dr. Albrecht Mozer, Dr. Michael Nitzert, Bernhard Schmitt	
Bilanztermin	31.12.	

Wacker-Chemie GmbH

81737 München
Hanns-Seidel-Platz 4

Telefon (0 89) 62 79-01
Telefax (0 89) 62 79-17 70
Internet www.wacker.com

Branche	Chemie	
Umsatz (in Mio. €)	2824 (2001)	2678 (2002)
Beschäftigte	17058 (2001)	16637 (2002)
Gesellschafter	Dr. Alexander Wacker Familiengesellschaft mbH 50%	
Aufsichtsrat	Vorsitzender Dr. Karl-Heinz Weiß	
Geschäftsführung	Dr. Peter-Alexander Wacker (Vors.), Joachim Rauhut, Dr. Wilhelm Sittenthaler, Dr. Rudolf Staudigl	
Bilanztermin	31.12.	

Wal Mart Germany GmbH & Co. KG

42103 Wuppertal
Friedrich-Engels-Allee 28
<42209> Postfach 20 09 51

Telefon (02 02) 28 29-0
Telefax (02 02) 28 29-17 24
Internet www.wal-mart.com

Branche	Einzelhandel	
Umsatz (in Mio. €)	2888 (2001)	2539 (2002)
Beschäftigte	18000 (2001)	18200 (2002)
Gesellschafter	Wal Mart Stores Inc.	
Geschäftsführung	Dr. Kay Hafner (Vors.), Dave Ferguson, Tony de Nunzio	
Bilanztermin	31.12.	

WALTER BAU-AG*

86153 Augsburg
Böheimstraße 8
<86015> Postfach 10 25 47

Telefon (08 21) 55 82-00
Telefax (08 21) 55 82-3 20
Internet www.walter-bau.de

Branche	Bauindustrie	
Umsatz (in Mio. €)	3923 (2001)	3324 (2002)
Beschäftigte	14472 (2001)	11516 (2002)
Großaktionär	WALTER Beteiligungen und Immobilien AG 56,87%, Ed.Züblin AG 11,93%, Bayerische Landesbank 10,26%	
Aufsichtsrat	Vorsitzender Prof. Dr. h.c. Ignaz Walter	

Vorstand	Dipl.-Ing. Wolf E. Fitzner (Vors.), Dipl.-Ing. Hans-Jürgen Hecklau, Dipl.-Kfm. Peter Kern, Dipl.-Kfm. Hanns-Bert Mundorf, Dipl.-Ing. Ludwig Schick, Dr.-Ing. Roy Walter
Bilanztermin	31.12.

* Fusion mit Dyckerhoff & Widmann AG

Webasto AG

82131 Stockdorf
Kraillinger Straße 5
<82132> Postfach 80

Telefon (0 89) 8 57 94-0
Telefax (0 89) 8 57 94-4 48
Internet www.webasto.com

Branche	KfZ-Zulieferindustrie	
Umsatz (in Mio. €)	1159 (2001)	1279 (2002)
Beschäftigte	4800 (2001)	5200 (2002)
Aufsichtsrat	Vorsitzender Werner Baier	
Vorstand	Franz-Josef Kortum (Vors.), Michael Kempter, Dr. Wolfgang Thurow	
Bilanztermin	31.12.	

Wella AG*

64295 Darmstadt
Berliner Allee 65
<64274> Postfach

Telefon (0 61 51) 34-0
Telefax (0 61 51) 34-27 48
Internet www.wella.com

Branche	Chemie	
Umsatz (in Mio. €)	3186 (2001)	3389 (2002)
Beschäftigte	17400 (2001)	17920 (2002)
Großaktionär	Sylvia Ströher 25%, Erika Pohl 23%, Claudia Ebert 8,4%, Ursula Ströher 5,5%	
Aufsichtsrat	Vorsitzender Prof. Dr. Dr. Thomas Olbricht	
Vorstand	Dr. Heiner Gürtler (Vors.), Axel Dietz, Alfred Krämer, Fritz Kuhn, Martin Tresser	
Bilanztermin	31.12.	

* Übernahme durch Procter & Gamble in Vorbereitung

WELTFUNK elektrotechnische Handelsgesellschaft mbH & Co.KG

55116 Mainz
Holzstraße 32
<55033> Postfach 43 50

Telefon (0 61 31) 2 88 81-50
Telefax (0 61 31) 2 88 81-81
Internet www.weltfunk.com

Branche	Einzelhandel (Unterhaltungselektronik)
Umsatz (in Mio. €)	1885 (2001) 2450 (2002)
Beschäftigte	5558 (2001) 5700 (2002)
Aufsichtsrat	Vorsitzender Andreas Ege
Geschäftsführung	Helmut Scholz
Bilanztermin	31.12.

Wilh. Werhahn

41460 Neuss
Königstraße 1
<41416> Postfach 10 16 38

Telefon (0 21 01) 9 16-0
Telefax (0 21 01) 91 64 04
Internet www.werhahn.de

Branche	Holding, Beteiligungen
Umsatz (in Mio. €)	2005 (2001) 1770 (2002)
Beschäftigte	8390 (2001) 8200 (2002)
Verwaltungsrat	Vorsitzender Dr. Eberhard von Koerber
Vorstand	Dr. Norbert Wiemers (Vors.), Paul Schlickmann, Anton Werhahn, Dr. Michael Werhahn, Wilhelm Werhahn
Bilanztermin	31.12.

WESTFLEISCH eG

48143 Münster
Brockhoffstraße 11
<48047> Postfach 88 44

Telefon (02 51) 4 93-0
Telefax (02 51) 4 93-2 89
Internet www.westfleisch.de

Branche	Fleischvermarktung
Umsatz (in Mio. €)	1166 (2001) 1007 (2002)
Beschäftigte	1528 (2001) 1206 (2002)
Aufsichtsrat	Vorsitzender Heinz Westkämper
Vorstand	Gerd Meloh (Vors.), Dr. Bernd Cordes, Dr. Helfried Giesen, Heinz Horstmann, Dirk Niederstucke
Bilanztermin	31.12.

Wieland-Werke AG

89079 Ulm
Graf-Arco-Straße
<89070> Postfach

Telefon (07 31) 9 44-0
Telefax (07 31) 9 44-27 72
Internet www.wieland.de

Branche	Metallbearbeitung	
Umsatz (in Mio. €)	1485 (2001)	1225 (2002)
Beschäftigte	5837 (2001)	5602 (2002)
Großaktionär	Familiengesellschaft	
Aufsichtsrat	Vorsitzender Dr.-Ing. Wolfgang Eychmüller	
Vorstand	Harald Kroener (Vors.), Dr. Jörg Hanisch, Dr. Hans Peter Holzer, Hartmut Seekel	
Bilanztermin	30.9.	

Wincor Nixdorf GmbH & Co. KG

33106 Paderborn
Heinz-Nixdorf-Ring 1

Telefon (0 52 51) 8-1 88
Telefax (0 52 51) 2 31 05
Internet www.wincor-nixdorf.com

Branche	Informationstechnologie	
Umsatz (in Mio. €)	1460 (2001)	1349 (2002)
Beschäftigte	4433 (2001)	4618 (2002)
Aufsichtsrat	Vorsitzender Johannes P. Huth	
Geschäftsführung	Karl-Heinz Stiller (Vors.), Eckhard Heidloff	
Bilanztermin	30.9.	

Wintershall AG

34119 Kassel
Friedrich-Ebert-Straße 160
<34112> Postfach 10 40 20

Telefon (05 61) 3 01-0
Telefax (05 61) 3 01-17 02
Internet www.wintershall.de

Branche	Erdöl, Erdgas	
Umsatz (in Mio. €)	5298 (2001)	4960 (2002)
Beschäftigte	1451 (2001)	1537 (2002)
Alleinaktionär	BASF AG	
Aufsichtsrat	Vorsitzender Max Dietrich Kley	
Vorstand	Reinier Zwitserloot (Vors.), Dr. Karsten Heuchert, Bernhard Schmidt, Dr. Rainer Seele	
Bilanztermin	31.12.	

Würth-Gruppe

74653 Künzelsau
Reinhold-Würth-Straße 12-16
<74650> Postfach

Telefon (0 79 40) 15-0
Telefax (0 79 40) 15-10 00
Internet www.wuerth.com

Branche	Handel (Befestigungs- und Montagematerial)	
Umsatz (in Mio. €)	5277 (2001)	5359 (2002)
Beschäftigte	37407 (2001)	39800 (2002)
Gesellschafter	Familienbesitz	
Beirat	Prof. Dr. Reinhold Würth (Vors.), Udo Floto, Hans G. Güldenberg, Dr. Frank Heinricht, Dr. Bernd-Albrecht von Maltzan, Dr. Michael Rogowski, Dr. Martin Sorg, Dr. Bernd Thiemann, Uwe Zimpelmann	
Geschäftsführung	Dr. Harald Unkelbach (Vors.), Jürgen Graf, Bernd Herrmann, Gerhard Knoblauch, Werner Rau, Martin Schäfer, Marcus Wölfle, Bettina Würth	
Bilanztermin	31.12.	

Carl-Zeiss-Stiftung

73446 Oberkochen
Carl-Zeiss-Straße 4-54
<73444> Postfach 13 80

Telefon (0 73 64) 2 00
Telefax (0 73 62) 68 08
Internet www.zeiss.de

Branche	Feinmechanik, Optik	
Umsatz (in Mio. €)	4001 (2001)	4152 (2002)
Beschäftigte	34006 (2001)	33783 (2002)
Stiftungskommissar	Dr.-Ing. E. h. Heinz Dürr (Vors. bis 31.12.2003), Dr. Tilman Todenhöfer (Vors. ab 1.1.2004)	
Vorstand	Dr. rer. nat. Dieter Kurz (Vors.), Dr. rer. nat. Norbert Gorny, Dr. sc. nat. Michael Kaschke	
Bilanztermin	30.09.	

ZEPPELIN GmbH

88045 Friedrichshafen
Leutholdstraße 108
<88015> Postfach 25 40

Telefon (0 75 41) 2 02-01
Telefax (0 75 41) 2 02-2 10
Internet www.zeppelin.de

Branche	Maschinenbau, Handel	
Umsatz (in Mio. €)	1324 (2001)	1259 (2002)
Beschäftigte	3312 (2001)	3414 (2002)
Gesellschafter	Luftschiffbau Zeppelin GmbH 96,25%, Zeppelin-Stiftung 3,75%	
Aufsichtsrat	Vorsitzender Josef Büchelmeier	
Geschäftsführung	Ernst Susanek (Vors.), Dipl.-Kfm. Alexander Bautzmann, Michael Heidemann	
Bilanztermin	31.12.	

ZF Friedrichshafen AG

88046 Friedrichshafen
Allmannsweiler Straße 25
<88038> Postfach 25 20

Telefon (0 75 41) 77-0
Telefax (0 75 41) 77-90 00
Internet www.zf.com

Branche	Maschinenbau	
Umsatz (in Mio. €)	6957 (2001)	9168 (2002)
Beschäftigte	35608 (2001)	53469 (2002)
Großaktionär	Zeppelin-Stiftung, Friedrichshafen 92,5%	
Aufsichtsrat	Vorsitzender Dr. Bernd Wiedmann	
Vorstand	Dipl.-Ing. Siegfried Goll (Vors.), Paul Baumeier, Dipl.-Kfm. Uwe Berner, Dr. Michael Paul, Dipl.-Ing. Wolfgang Vogel	
Bilanztermin	31.12.	

ZF Getriebe GmbH

66117 Saarbrücken
Südring
<66143> Postfach 65 04 64

Telefon (06 81) 9 20-0
Telefax (06 81)920-23 77
Internet www.zf-group.de

Branche	Maschinenbau
Umsatz (in Mio. €)	1965 (2002)
Beschäftigte	7400 (2002)
Gesellschafter	ZF Friedrichshafen AG
Aufsichtsrat	Vorsitzender Dr. Bernd Wiedmann
Geschäftsführung	Dr. Michael Paul (Vors.), Günter Hemminger, Eckhard Scholz, Dr. Gerhard Wagner, Dr. Otmar Welzel
Bilanztermin	31.12.

ZF Lemförder Fahrwerktechnik AG

Lemförde
<49441> Postfach 12 20

Telefon (0 54 74) 60-0
Telefax (0 54 74) 60- 2099
Internet www.zf.com

Branche	Metallverarbeitung	
Umsatz (in Mio. €)	1799 (2001)	1700 (2002)
Beschäftigte	6900 (2001)	5445 (2002)
Großaktionäre	ZF Friedrichshafen AG 76%, Dr. Jürgen Ulderup-Stiftung 24%	
Aufsichtsrat	Vorsitzender Siegfried Goll	
Vorstand	Bernd Habersack (Vors.), Paul Ballmeier	
Bilanztermin	31.12.	

ZF Lenksysteme GmbH

73527 Schwäbisch Gmünd
Richard-Bullinger-Straße 77
<73503> Postfach 13 40

Telefon (0 71 71) 31-0
Telefax (0 71 71) 31-32 22
Internet www.zf-group.de

Branche	Maschinenbau	
Umsatz (in Mio. €)	1484 (2001)	1535 (2002)
Beschäftigte	9178 (2001)	8924 (2002)
Gesellschafter	Robert Bosch GmbH 50%, ZF Friedrichshafen AG 50%	
Aufsichtsrat	Vorsitzender Dr. Siegfried Dais	
Geschäftsführung	Egon W. Behle (Vors.), Dr. Rolf-Dieter Amann, Colin Carter, Dr. Peter Kilgenstein, Dr. Wolfgang Zeitz	
Bilanztermin	31.12.	

ZF Nutzfahrzeug- und Sonderantriebstechnik GmbH

88046 Friedrichshafen
Allmannsweilerstraße 25
<88038> Postfach 25 20

Telefon (0 75 41) 77-0
Telefax (0 75 41) 77-9 08 00
Internet www.zf.com

Branche	Maschinenbau	
Umsatz (in Mio. €)	1500 (2001)	1512 (2002)
Beschäftigte	7800 (2001)	7191 (2002)
Gesellschafter	ZF Friedrichshafen GmbH	
Geschäftsführung	Wolfgang Vogel (Vors.)	
Bilanztermin	31.12.	

ZF Passau GmbH

94034 Passau
Donaustraße 25-71

Telefon (08 51) 4 94-0
Telefax (08 51) 4 43 94
Internet www.zf.com

Branche	Maschinenbau
Umsatz (in Mio. €)	1099 (2001) 1149 (2002)
Beschäftigte	6500 (2001) 6060 (2002)
Gesellschafter	ZF Friedrichshafen AG
Geschäftsführung	Manfred Schwab (Vors.)
Bilanztermin	31.12.

ZF Sachs AG*

97424 Schweinfurt
Ernst-Sachs-Straße 62
<97402> Postfach 12 40

Telefon (0 97 21) 98-0
Telefax (0 97 21) 98-31 80
Internet www.sachs-automotive.com

Branche	KfZ-Zulieferindustrie
Umsatz (in Mio. €)	2115 (2001) 1958 (2002)
Beschäftigte	18385 (2001) 15486 (2002)
Alleinaktionär	Atecs Mannesmann AG
Aufsichtsrat	Vorsitzender Georg Acker
Vorstand	Dr. Peter Causemann, Bernd Gaubitz, Paul Eberhard Krug
Bilanztermin	31.12.

* ehem. Mannesmann Sachs AG, seit 1.10.2001 im ZF-Konzern

Ed. Züblin AG

70567 Stuttgart
Albstadtweg 3
<70511> Postfach 80 11 46

Telefon (07 11) 78 83-0
Telefax (07 11) 78 83-3 90
Internet www.zueblin.de

Branche	Bauindustrie
Umsatz (in Mio. €)	1498 (2001) 1418 (2002)
Beschäftigte	8176 (2001) 8207 (2002)
Großaktionär	Walter Industriebeteiligungs-GmbH, rund 54%, Lenz Vermögensverwaltungsgesellschaft rund 43%
Aufsichtsrat	Vorsitzender Prof. Dr. h. c. Ignaz Walter
Vorstand	Prof. Dr.-Ing. E. h. Manfred Nussbaumer (Vors.), RA Paul A. van Aaken, Dipl.-Ing. Eberhard Gläser, Dipl.-Ing. Volker Jurowich, Dipl.-Ing. Bernhard Landauer, Klaus Pöllath
Bilanztermin	31.12.

Rangliste der großen 500 Unternehmen

Rang	Firma	Branche	Umsatz (€)	Mitarbeiter
1	**DaimlerChrysler AG, Stuttgart**	Automobilindustrie, Automobilelektronik, Bahnsysteme, Dienstleistungen	**149583**	365571
2	**VOLKSWAGEN AG, Wolfsburg**	Automobilindustrie	**86948**	324892
3	**Siemens AG, München**	Elektroindustrie	**84015**	426000
4	**Deutsche Telekom AG, Bonn**	Telekommunikation	**53699**	256000
5	**Metro AG, Düsseldorf**	Geschäftsführende Holding (Handel)	**51525**	191512
6	**RWE AG, Essen**	Energie, Umweltdienstleistungen, Industriedienstleistungen	**46632**	131765
7	**Bayerische Motoren Werke AG (BMW), München**	Automobilindustrie	**42281**	103020
8	**Deutsche Post World Net AG, Bonn**	Post, Transporte	**39254**	371912
9	**E.ON AG, Düsseldorf**	Energieversorgung, Chemie, Ol, Immobilien, Telekommunikation	**37058**	107856
10	**Thyssen Krupp AG, Düsseldorf**	Stahl, Industries, Automotive, Materials & Services	**36697**	191254
11	**Robert Bosch GmbH, Gerlingen-Schillerhöhe**	Elektro, Elektronik, Feinmechanik	**34970**	223897
12	**Shell & DEA Oil GmbH, Hamburg**	Mineralölindustrie	**32342**	4943
13	**BASF AG, Ludwigshafen**	Chemie, Pharma	**32215**	89389
14	**EADS Deutschland GmbH, Ottobrunn**	Luftfahrtindustrie, Raumfahrttechnologie	**29900**	103967
15	**REWE-Gruppe, Köln**	Groß-und Einzelhandel (Lebensmittel)	**29800**	187196
16	**BAYER AG, Leverkusen**	Chemie, Pharma	**29624**	122600
17	**Tengelmann Unternehmensgruppe, Mülheim**	Einzelhandel (Lebensmittel)	**25147**	81000
18	**Deutsche BP AG, Hamburg**	Mineralölindustrie	**23354**	11300
19	**AUDI AG, Ingolstadt**	Automobilindustrie	**22603**	51198
20	**Franz Haniel & Cie. GmbH, Duisburg**	Dienstleistungen, Handel	**22499**	53600
21	**Aldi-Gruppe, Mülheim/Ruhr**	Einzelhandel	**22075**	23000
22	**TUI AG, Hannover**	Touristik	**20301**	70299

Rang	Firma	Branche	Umsatz (€)	Mitarbeiter
23	**EDEKA Zentrale AG & Co. KG, Hamburg**	Groß- und Einzelhandel (Lebensmittel)	**19604**	900
24	**Otto Versand GmbH & Co, Hamburg**	Versandhandel	**19220**	52000
25	**Deutsche Bahn AG, Berlin**	Verkehr, Transport	**18685**	250690
26	**E.ON Energie AG, München**	Energieversorgung	**18584**	45394
27	**Celesio AG, Stuttgart**	Großhandel (Pharma)	**18382**	24978
28	**Bertelsmann AG, Gütersloh**	Medien	**18311**	80632
29	**Deutsche Lufthansa AG, Köln**	Luftfahrt	**16970**	94135
30	**MAN AG, München**	Holding	**16040**	75054
31	**KARSTADT QUELLE AG, Essen**	Warenhaus	**15814**	104536
32	**DaimlerChrysler Services AG, Berlin**	Dienstleistungen	**15699**	10521
33	**Unternehmesgruppe Schwarz , Neckarsulm**	Groß- und Einzelhandel	**15142**	39000
34	**Ford-Werke AG, Köln**	Automobilindustrie	**15001**	37000
35	**Adam Opel AG, Rüsselsheim**	Automobilindustrie	**14875**	34103
36	**RAG Aktiengesellschaft, Essen**	Bergbau, Umwelt, Chemie, Handel, Energieversorgung	**13025**	81990
37	**HOCHTIEF Aktiengesellschaft , Essen**	Bauindustrie	**12781**	33100
38	**ExxonMobil Central Europe Holding GmbH, Hamburg**	Mineralölindustrie	**12300**	2560
39	**PHOENIX Pharmahandel Aktiengesellschaft & Co., Mannheim**	Pharma	**12029**	4800
40	**Ruhrgas AG, Essen**	Erdgas	**11923**	12514
41	**Degussa AG, Düsseldorf**	Spezialchemie	**11764**	47623
42	**Stinnes AG, Mülheim a.d.Ruhr**	Verkehr, Chemie, Werkstoffe	**11761**	444320
43	**Thyssen Krupp Steel AG, Duisburg**	Holding	**11686**	50184
44	**Continental AG, Hannover**	Reifenindustrie	**11407**	64379
45	**T-Systems International GmbH, Bonn**	Telekommunikation	**11309**	43482
46	**VALEO GmbH, Stuttgart**	KfZ-Zulieferindustrie	**9802**	69100
47	**Henkel KGaA, Düsseldorf**	Chemie	**9655**	47203

Rang	Firma	Branche	Umsatz (€)	Mitarbeiter
48	**Media Saturn Holding GmbH, Ingolstadt**	Holding (Elektromärkte)	**9583**	25397
49	**ZF Friedrichshafen AG , Friedrichshafen**	Maschinenbau	**9168**	53469
50	**Hoechst AG, Frankfurt am Main**	(Holding) Life Sciences	**9167**	18000
51	**RWE-DEA AG für Mineraloel und Chemie, Hamburg**	Mineralölverarbeitung, Chemie	**8933**	2626
52	**Thyssen Krupp Materials AG, Düsseldorf**	Werkstoffe	**8875**	13743
53	**Vattenfall Europe AG, Berlin**	Energieversorgung	**8860**	19578
54	**Linde AG, Wiesbaden**	Maschinenbau,	**8726**	46521
55	**EnBW Energie Baden-Württemberg AG, Karlsruhe**	Holding (Energie, Entsorgung, Telekommunikation)	**8658**	38501
56	**mg technologies AG, Frankfurt**	Anlagenbau, Chemie	**8586**	32015
57	**Thüga-Gruppe, München**	Energieversorgung	**8400**	17000
58	**Real SB-Warenhäuser, Mönchengladbach**	Einzelhandel	**8199**	34480
59	**Thomas Cook AG, Oberursel**	Touristik	**8063**	27776
60	**T-Mobile Deutschland GmbH, Bonn**	Mobilfunkdienste	**7799**	9000
61	**BOEHRINGER INGELHEIM Unternehmensverband, Ingelheim**	Chemie, Pharma	**7579**	28000
62	**Fresenius AG, Oberursel/Taunus**	Chemie, Pharma	**7506**	63638
63	**Merck KGaA, Darmstadt**	Chemie, Pharma	**7473**	34504
64	**SAP AG, Walldorf**	Datenverarbeitung	**7413**	28000
65	**LEKKERLAND-TOBACCOLAND GmbH & Co. KG, Frechen**	Großhandel	**7360**	5200
66	**Tech Data Germany AG, München**	Großhandel, Dienstleistungen (EDV-Hard-und Software)	**7149**	4303
67	**TOTAL FINA Elf Oil Deutschland GmbH , Berlin**	Mineralölindustrie	**7089**	5039
68	**Cap Gemini Ernst & Young Deutschland GmbH, Berlin**	IT-und Managementberatung	**7047**	52700

Rang	Firma	Branche	Umsatz (€)	Mitarbeiter
69	**Kommanditgesellschaft Allgemeine Leasing GmbH & Co., Grünwald**	Leasing	**7000**	1014
70	**INA Holding Schaeffler KG, Herzogenaurach**	Metallverarbeitende Inustrie	**6899**	54000
71	**Lufthansa Air Plus Servicekarten GmbH, Neu-Isenburg**	Dienstleistungen	**6888**	580
72	**Vodafone D2 GmbH, Düsseldorf**	Mobilfunkdienste	**6836**	9674
73	**PHILIP MORRIS GmbH, München**	Nahrungs- und Genußmittel (Zigaretten)	**6599**	2858
74	**Heidelberger Zement AG, Heidelberg**	Baustoffe	**6570**	36761
75	**MAN Nutzfahrzeuge AG, München**	Nutzfahrzeuge	**6525**	34398
76	**adidas Salomon AG, Herzogenaurach**	Sportartikel, Textil	**6523**	14000
77	**SPAR Handels-AG, Schenefeld**	Groß- und Einzelhandel	**6508**	23041
78	**Heraeus Holding GmbH, Hanau**	Chemietechnik, Elektroindustrie, Meß- und Prüftechnik	**6410**	9000
79	**Thyssen Krupp Automotive AG, Bochum**	KfZ-Zulieferindustrie	**6336**	38425
80	**Karstadt Warenhaus AG, Essen**	Handel	**6321**	43000
81	**BSH BOSCH-SIEMENS HAUSGERÄTE GMBH, München**	Elektrohausgeräte	**6288**	35700
82	**SCHENKER AG, Essen**	Verkehr, Transport, Logistik	**6224**	35000
83	**Anton Schlecker, Ehingen**	Einzelhandel (SB-Warenhäuser, Drogeriemärkte, Baumärkte)	**6199**	48000
84	**Röchling-Gruppe, Mannheim**	Holding	**6137**	35399
85	**RWE Trading GmbH, Essen**	Handel	**6120**	518
86	**Quelle AG, Fürth**	Versandhandel	**5833**	27665
87	**Thyssen Krupp Technologies AG, Essen**	Steel, Automotive, Industries, Enmgineering, Materials & Services, Immobilien	**5806**	32781
88	**Siemens Business Services GmbH & Co. OHG, München**	Informationstechnologie	**5800**	33600

Rang	Firma	Branche	Umsatz (€)	Mitarbeiter
89	**IBM Deutschland GmbH, Stuttgart**	Informationstechnologie	**5800**	22000
90	**Alfred C. Toepfer International (Gruppe), Hamburg**	Außenhandel, Großhandel	**5790**	787
91	**Würth-Gruppe, Künzelsau**	Handel (Befestigungs- und Montagematerial)	**5359**	39800
92	**BayWa AG München, München**	Groß- und Einzelhandel (landwirtschaftliche Erzeugnisse), Dienstleistungen	**5349**	15712
93	**Fujitsu Siemens Computers Deutschland GmbH, Bad Homburg**	Computertechnik	**5339**	7400
94	**RWE Plus Aktiengesellschaft, Essen**	Energieversorgung	**5240**	2208
95	**Infineon Technologies AG, München**	Halbleiter-Industrie	**5206**	29166
96	**Oetker-Gruppe, Bielefeld**	Nahrungs- und Genußmittel	**5123**	18040
97	**HEWLETT-PACKARD GmbH, Böblingen**	Informationstechnologie	**5100**	7800
98	**Thyssen Krupp Stahl AG, Duisburg**	Stahlindustrie	**5090**	20307
99	**Schering AG, Berlin**	Pharma	**5022**	26245
100	**Heidelberger Druckmaschinen AG, Heidelberg**	Maschinenbau	**5016**	24905
101	**Plus Warenhandelsgesellschaft mbH & Co. OHG, Mülheim/Ruhr**	Einzelhandel (Lebensmittel)	**4998**	24537
102	**Wintershall AG, Kassel**	Erdöl, Erdgas	**4960**	1537
103	**Bilfinger Berger AG, Mannheim**	Bauindustrie	**4911**	50277
104	**Obi Bau-und Heimwerkermärkte GmbH & Co.KG, Wermelskirchen**	Bau- und Heimwerkermärkte	**4872**	23800
105	**Dr. Ing. h.c. F. Porsche AG, Stuttgart**	Automobilindustrie	**4856**	10143
106	**Fresenius Medical Care AG, Bad Homburg**	Medizintechnik	**4841**	39261
107	**AVA Allgemeine Handelsgesellschaft der Verbraucher AG, Bielefeld**	Einzelhandel (SB-Warenhäuser, Kaufhäuser, Bau- und Fachmärkte)	**4829**	29095
108	**SÜDZUCKER AG Mannheim/Ochsenfurt, Mannheim**	Nahrungs- und Genußmittel (Zuckerindustrie)	**4775**	23638

Rang	Firma	Branche	Umsatz (€)	Mitarbeiter
109	**Marktkauf Handels-GmbH & Co. oHG, Bielefeld**	Einzelhandel	**4751**	11000
110	**Beiersdorf AG, Hamburg**	Chemie	**4742**	18183
111	**Salzgitter AG, Salzgitter**	Stahlindustrie	**4741**	17000
112	**DB Regio Aktiengesellschaft, Frankfurt**	Transporte	**4715**	23179
113	**Agfa-Gevaert Gruppe, Leverkusen**	Imaging/Bild-Technologie (Fotoindustrie, Grafische Industrie, Medizintechnik, Materialprüfung)	**4682**	19722
114	**Airbus Deutschland GmbH, Hamburg**	Luftfahrtindustrie	**4589**	17200
115	**Rheinmetall AG, Düsseldorf**	Automotive, Electronics, Defence	**4570**	25949
116	**Johnson Controls GmbH Automotive Systems Group, Burscheid**	KfZ-Zulieferindustrie	**4570**	33000
117	**DSK Deutsche Steinkohle AG, Herne**	Bergbau	**4494**	47850
118	**OSRAM GmbH, Berlin/München, München**	Elektroindustrie	**4362**	35260
119	**RAG Coal International AG, Essen**	Bergbau, Handel,	**4349**	6470
120	**BRENNTAG AG, Mülheim a.d.R.**	Chemie-Distribution	**4340**	8590
121	**Celanese AG, Kronberg**	Chemie	**4325**	10700
122	**MiRo Mineraloelraffinerie Oberrhein GmbH & Co. KG, Karlsruhe**	Mineralölverarbeitung	**4299**	1000
123	**RWE Net AG, Dortmund**	Energiewirtschaft	**4289**	5915
124	**Volkswagen Sachsen GmbH, Mosel**	Automobilindustrie	**4287**	6927
125	**Marquard & Bahls AG, Hamburg**	Mineralölhandel	**4199**	1548
126	**Thyssen Krupp Schulte GmbH, Düsseldorf**	Werkstoffhandel	**4199**	9000
127	**Carl-Zeiss-Stiftung, Oberkochen**	Feinmechanik, Optik	**4152**	33783
128	**Philips GmbH, Hamburg**	Elektroindustrie	**4054**	11010
129	**Thyssen Krupp Stainless GmbH, Duisburg**	Stahlindustrie	**4019**	12074
130	**KLÖCKNER & CO AG, Duisburg**	Werkstoffhandel	**3993**	10589

Rang	Firma	Branche	Umsatz (€)	Mitarbeiter
131	**Volkswagen Leasing GmbH, Braunschweig**	KfZ-Leasing	**3936**	530
132	**Freudenberg-Gruppe, Weinheim**	Kunststoffverarbeitende Industrie	**3918**	27093
133	**Kaufhof Warenhaus AG, Köln**	Handel	**3900**	21070
134	**EDEKA Minden-Hannover eG, Minden**	Groß- und Einzelhandel (Lebensmittel)	**3823**	24042
135	**Actebis Holding GmbH , Soest**	Computerdistribution	**3799**	2600
136	**Hapag-Lloyd AG, Hamburg**	Transport	**3776**	9226
137	**EDEKA Handelsgesellschaft Südwest mbH, Offenburg**	Groß- und Einzelhandel (Lebensmittel)	**3747**	18194
138	**Siemens VDO Automotive AG, Schwalbach/ Taunus**	KfZ-Zulieferindustrie	**3732**	18702
139	**Nestlé-Gruppe Deutschland , Frankfurt**	Nahrungs- und Genußmittel	**3700**	18400
140	**Bertelsmann Arvato AG, Gütersloh**	Medien	**3668**	31174
141	**SCA Hygiene Products AG, München-Flughafen**	Hygieneprodukte	**3633**	12704
142	**Bosch Rexroth GmbH, Lohr**	Antriebs-, Steuerungs- und Regelungstechnik	**3624**	25500
143	**Thyssen Krupp Elevator AG, Neuhausen**	Aufzüge, Fahrtreppen, Fluggastbrücken	**3499**	28768
144	**RWE Power AG, Essen**	Energieversorgung	**3494**	2480
145	**Globus-Handelshof-Gruppe, St. Wendel**	Einzelhandel	**3417**	22248
146	**DB Netz Aktiengesellschaft, Frankfurt**	Schienennetzbetreiber	**3402**	51918
147	**Wella AG, Darmstadt**	Chemie	**3389**	17920
148	**WALTER BAU-AG, Augsburg**	Bauindustrie	**3324**	11516
149	**Autobahn Tank & Rast Holding GmbH, Bonn**	Dienstleistungen	**3290**	12000
150	**Voith AG, Heidenheim**	Maschinenbau	**3289**	24229
151	**Benteler-Gruppe, Paderborn**	Holding	**3287**	17378
152	**DB Cargo Aktiengesellschaft, Mainz**	Logistik	**3258**	26155
153	**Hamburgische Electricitäts-Werke AG, (HEW), Hamburg**	Energieversorgung	**3248**	4118

Rang	Firma	Branche	Umsatz (€)	Mitarbeiter
154	**STRABAG AG, Köln**	Bauindustrie	**3209**	10997
155	**Cognis Deutschland GmbH & Co. KG, Düsseldorf**	Chemie	**3126**	8895
156	**UNILEVER Deutschland GmbH, Hamburg**	Lebensmittel, Chemie	**3099**	10000
157	**Deutsche Sparkassen Leasing AG & Co. KG, Bad Homburg**	Leasing	**3094**	789
158	**MAHLE GMBH, Stuttgart**	Maschinenbau, KfZ-Zulieferindustrie	**3069**	29122
159	**TCHIBO HOLDING AG, Hamburg**	Nahrungs- und Genußmittel	**3067**	10200
160	**Coca-Cola GmbH, Essen**	Getränkeindustrie	**3049**	13000
161	**Südleasing GmbH, Mannheim**	Leasing	**3040**	520
162	**GEDELFI Gmbh + Co. KG, Köln**	Großhandel	**2999**	38
163	**Siemens Dematic AG, Nürnberg**	Fördertechnik	**2995**	11535
164	**EDEKA Handelsgesellschaft Nordbayern-Sachsen-Thüringen mbH, Rottendorf/Würzburg**	Groß- und Einzelhandel (Lebensmittel)	**2959**	17300
165	**Hella KG, Hueck & Co., Lippstadt**	KfZ-Zulieferindustrie	**2942**	22443
166	**SAI Automotive AG, Frankfurt**	KfZ-Zulieferindustrie	**2940**	18672
167	**Andreae-Noris Zahn AG (ANZAG), Frankfurt am Main**	Groß- und Einzelhandel (Pharma)	**2928**	3176
168	**Bewag Aktiengesellschaft, Berlin**	Energieversorgung	**2926**	5113
169	**DB Reise & Touristik Aktiengesellschaft, Frankfurt**	Touristik	**2915**	21737
170	**Ferrostaal AG, Essen**	Handel (Stahl und Fertigerzeugnisse)	**2915**	6598
171	**Ingram Macrotron AG, Dornach bei München**	Computer, Peripherie, Software	**2900**	1300
172	**VNG Verbundnetz Gas AG, Leipzig**	Energieversorgung	**2893**	689
173	**Asea Brown Boveri AG (ABB), Mannheim**	Elektroindustrie, Energietechnik	**2884**	18069

Rang	Firma	Branche	Umsatz (€)	Mitarbeiter
174	**Aventis Pharma Deutschland GmbH, Frankfurt**	Pharma	**2879**	7159
175	**VR-LEASING GmbH, Eschborn**	Leasing	**2835**	1392
176	**RWE Solutions GmbH, Frankfurt**	Dienstleistungen	**2818**	12602
177	**Roche Deutschland Holding GmbH, Grenzach-Whylen**	Holding (Pharma)	**2814**	10244
178	**Behr GmbH & Co., Stuttgart**	KfZ-Zulieferindustrie, Heizungs-und Klimatechnik	**2813**	16200
179	**debitel AG, Stuttgart**	Telekommunikation	**2804**	3484
180	**Unternehmensgruppe Gruner + Jahr (Welt), Hamburg**	Medien	**2799**	11367
181	**Extra Verbrauchermärkte GmbH, Sarstedt**	Handel	**2799**	13311
182	**Helm AG, Hamburg**	Groß- und Einzelhandel	**2782**	1163
183	**Axel Springer Verlag AG, Berlin**	Medien	**2776**	13203
184	**Deutsche Leasing (Gruppe), Bad Homburg v.d.H.**	Leasing	**2764**	1200
185	**B. Braun Melsungen AG, Melsungen**	Chemie, Pharma	**2747**	28765
186	**EWE AG, Oldenburg**	Energieversorgung	**2708**	3220
187	**Hydro Aluminium Deutschland GmbH, Bonn**	Aluminiumindustrie	**2706**	1326
188	**Wacker-Chemie GmbH, München**	Chemie	**2678**	16637
189	**ALSTOM-Gruppe, Frankfurt**	Energietechnik, Schienenverkehr	**2661**	10838
190	**MEDION AG, Essen**	Handel (Elektronik, PC, Kommunikation)	**2627**	837
191	**ALTANA AG, Bad Homburg v.d. Höhe**	Chemie, Pharma	**2609**	9854
192	**Motorola GmbH, Wiesbaden**	Elektronik	**2599**	3600
193	**hagebau Handelsgesellschaft für Baustoffe mbH & Co. KG, Soltau**	Großhandel, Baustoffe	**2594**	370
194	**VME Vereinigte Möbeleinkaufs-GmbH & Co. KG, Bielefeld**	Ein- und Verkaufsvereinigungen (Möbeleinzelhandel)	**2549**	67

Rang	Firma	Branche	Umsatz (€)	Mitarbeiter
195	**Dohle Handelsgruppe, Siegburg**	Handel	**2546**	5600
196	**Thyssen Krupp Serv AG, Düsseldorf**	Industriedienstleistungen	**2540**	25932
197	**Praktiker Bau- und Heimwerkermärkte AG, Kirkel-Neuhäusel**	Baumarkt	**2539**	18800
198	**Wal Mart Germany GmbH & Co. KG, Wuppertal**	Einzelhandel	**2539**	18200
199	**Humana Milchunion eG, Everswinkel**	Lebensmittel	**2534**	3050
200	**envia Energie Sachsen Brandenburg AG, Chemnitz**	Energie- und Wasserversorgung	**2515**	3336
201	**LSG Lufthansa Service Holding AG, Kriftel**	Dienstleistungen	**2515**	26000
202	**Dynamit Nobel AG, Troisdorf**	Chemie	**2511**	13994
203	**Toshiba Europe GmbH, Neuss**	Informationstechnologie	**2509**	1891
204	**PROCTER & GAMBLE GmbH, Schwalbach**	Chemie, Pharma,	**2500**	7500
205	**Raab Karcher Saint Gobain GmbH, Frankfurt**	Baustoffe	**2478**	7326
206	**GEFA-Leasing (Gruppe), Wuppertal**	Mobilien-Leasing	**2456**	710
207	**WELTFUNK elektrotechnische Handelsgesellschaft mbH & Co.KG, Mainz**	Einzelhandel (Unterhaltungselektronik)	**2450**	5700
208	**OMG AG & Co. KG, Hanau**	Chemie, KfZ-Zulieferindustrie	**2437**	1235
209	**C & A Mode & Co., Düsseldorf**	Einzelhandel	**2428**	3600
210	**Rütgers AG, Essen**	Chemie, Kunststoffe, Bau	**2425**	10580
211	**BAUHAUS Regional GmbH & Co. KG, Mannheim**	Baumarkt	**2400**	7800
212	**Neckermann Versand AG, Frankfurt am Main**	Versandhandel, Einzelhandel	**2400**	9990
213	**Avacon AG, Helmstedt**	Energieversorgung	**2400**	3392
214	**E.ON Bayern AG, Regensburg**	Energieversorgung	**2382**	3513
215	**GEA Gruppe, Bochum**	Wärme- und Energietechnik, Luft- und Kältetechnik	**2380**	13500

Rang	Firma	Branche	Umsatz (€)	Mitarbeiter
216	**AGIP Deutschland AG, München**	Mineralölhandel	**2374**	187
217	**Deutsches Reisebüro GmbH (DER), Frankfurt**	Touristik	**2369**	4100
218	**Lufthansa Technik AG, Hamburg**	Technische Dienstleistungen	**2363**	11041
219	**Lufthansa Cargo AG, Frankfurt**	Luftfrachtverkehr, Logistik	**2349**	5207
220	**Sanacorp Pharmahandel AG, Planegg**	Großhandel (Pharma)	**2343**	3039
221	**IWKA AG, Ettlingen**	Maschinenbau, Anlagenbau	**2312**	13089
222	**DHL-Gruppe, Düsseldorf**	Spedition, Logistik	**2299**	9300
223	**NORDMILCH eG, Bremen**	Lebensmittel (Milchwerk)	**2299**	4381
224	**Dow Deutschland Inc., Schwalbach**	Chemie	**2272**	2563
225	**McDonald's Deutschland Inc., München**	Dienstleistungen (Schnellservice-Restaurants)	**2259**	48000
226	**FAG Kugelfischer Georg Schäfer AG, Schweinfurt**	Metallerzeugung und -bearbeitung	**2259**	18000
227	**K + S Aktiengesellschaft, Kassel**	Holding	**2258**	10610
228	**NORDWEST Handel AG, Hagen**	Ein- und Verkaufsvereinigungen	**2254**	387
229	**KAISERS TENGELMANN AG, Viersen**	Nahrungs- und Genußmittel	**2253**	19527
230	**dm-Drogerie Markt GmbH & Co. KG, Karlsruhe**	Einzelhandel (Drogeriemärkte)	**2247**	19693
231	**Georg von Holtzbrinck Verlagsgruppe, Stuttgart**	Medien (Verlag, Druckerei, Zeitungen, Neue Medien)	**2240**	12500
232	**Miele & Cie. GmbH & Co., Gütersloh**	Elektroindustrie	**2239**	15328
233	**DOUGLAS HOLDING AG, Hagen**	Einzelhandel, Holding	**2233**	18967
234	**Neckarwerke Stuttgart AG, Stuttgart**	Energieversorgung	**2228**	5219
235	**Sixt AG, München-Pullach**	Autovermietung	**2224**	2200
236	**MTU Aero Engines GmbH München, München**	Luft- und Raumfahrtindustrie	**2214**	8376

Rang	Firma	Branche	Umsatz (€)	Mitarbeiter
237	**Mitteldeutsche Erdoel-Raffinerie GmbH, Spergau**	Mineralölverarbeitung	**2203**	639
238	**IDS Logistik GmbH, Bielefeld**	Logistik	**2200**	11400
239	**SMS AG, Düsseldorf, Düsseldorf**	Maschinenbau, Anlagenbau	**2189**	9419
240	**Clariant GmbH, Sulzbach**	Chemie	**2187**	6681
241	**RWE Umwelt AG, Essen**	Entsorgungswirtschaft	**2180**	14000
242	**KM-Europa Metal AG, Osnabrück**	Metallerzeugung und -bearbeitung	**2174**	7900
243	**IKEA Deutschland Verkaufs-GmbH & Co. Einrichtungs KG, Hofheim-Wallau**	Möbelhandel	**2139**	9391
244	**Stadtwerke Köln GmbH, Köln**	Energieversorgung	**2137**	10298
245	**KNORR-BREMSE AG, München**	Maschinenbau, KfZ-Zulieferindustrie	**2117**	10959
246	**Optimum Media Direction, Düsseldorf**	Medien	**2106**	404
247	**BBDO Düsseldorf GmbH, Düsseldorf**	Werbung, Kommunikation	**2099**	3600
248	**Intel GmbH, Feldkirchen**	Informationstechnologie	**2099**	400
249	**DÜRR AG, Stuttgart**	Holding	**2081**	12620
250	**NORMA Lebensmittelfilialbetrieb GmbH & Co. KG, Nürnberg**	Einzelhandel (Lebensmittel)	**2074**	3100
251	**Einkaufsbüro Deutscher Eisenhändler GmbH, Wuppertal**	Ein- und Verkaufsvereinigungen	**2071**	690
252	**BEB Erdgas und Erdöl GmbH, Hannover**	Erdöl, Erdgas	**2067**	373
253	**ARISTON NORD-WEST-RING Schuh-Einkaufsgenossenschaft eG, Mainhausen**	Ein- und Verkaufsvereinigungen	**2049**	472
254	**MobilCom AG, Büdelsdorf**	Telekommunikation	**2049**	4500
255	**Freudenberg Dichtungs- und Schwingungstechnik GmbH, Weinheim**	Kunststoffindustrie	**2027**	15871
256	**ConocoPhillips Continental Holding GmbH, Hamburg**	Mineralölindustrie	**2019**	200

Rang	Firma	Branche	Umsatz (€)	Mitarbeiter
257	**Stadtwerke München GmbH, München**	Energieversorgung	**1980**	7317
258	**ZF Getriebe GmbH, Saarbrücken**	Maschinenbau	**1965**	7400
259	**ZF Sachs AG, Schweinfurt**	KfZ-Zulieferindustrie	**1958**	15486
260	**RAG Saarberg AG, Saarbrücken**	Energieversorgung, Umwelt, Gummi	**1956**	8003
261	**SCHOTT GLAS, Mainz**	Glasindustrie	**1956**	19850
262	**Basell Polyolefine GmbH, Kehl**	Chemie	**1953**	2920
263	**Deichmann Schuhe GmbH & Co. Betriebs KG, Essen**	Schuh-Einzelhandel	**1950**	20000
264	**Kraft Foods Deutschland GmbH & Co. KG, Bremen**	Nahrungs- und Genuß-mittel	**1950**	2900
265	**Südfactoring GmbH, Stuttgart**	Factoring	**1944**	80
266	**Fegro-Selgros-Gruppe, Neu-Isenburg**	Großhandel (Lebensmittel)	**1942**	5000
267	**Norddeutsche Affinerie AG, Hamburg**	Chemie, Edelmetalle	**1919**	3612
268	**Evobus GmbH, Stuttgart**	Fahrzeugindustrie	**1916**	9136
269	**E-Plus Mobilfunk GmbH, Düsseldorf**	Mobilfunkdienste	**1913**	2871
270	**Getrag Getriebe-und Zahnradfabrik Hermann Hagenmeyer GmbH & Cie, Ludwigsburg**	KfZ-Zulieferindustrie	**1899**	9000
271	**Dachser GmbH & Co., Kempten**	Transporte, Logistik, Spedition	**1899**	11200
272	**PROSIEBEN Sat. 1Media AG, Unterföhring**	Medien	**1894**	3072
273	**Altana Pharma AG, Konstanz**	Pharma	**1890**	7504
274	**A. Moksel AG, Buchloe**	Großschlachtereien, Handel	**1890**	2200
275	**Kolbenschmidt Pierburg AG, Düsseldorf**	KfZ-Zulieferindustrie	**1883**	11535
276	**RWE Gas AG, Dortmund**	Energieversorgung	**1882**	8272
277	**MHK Marketing Handel Kooperation GmbH & Co., Dreieich**	Ein- und Verkaufsvereinigungen (Küchenfachhandel)	**1880**	246

Rang	Firma	Branche	Umsatz (€)	Mitarbeiter
278	**Der Grüne Punkt -Duales System Deutschland AG, Köln**	Dienstleistungen (Entsorgung)	**1873**	396
279	**Coca-Cola Erfrischungsgetränke Aktiengesellschaft, Berlin**	Getränkeindustrie	**1864**	9700
280	**Buderus AG, Wetzlar**	Heizungs-und Klimatechnik,	**1860**	9575
281	**Bartels-Langness Handels-GmbH, Kiel**	Verbrauchermärkte	**1853**	8900
282	**Emil Frey Gruppe Deutschland, Stuttgart**	Dienstleistungen	**1844**	2793
283	**Molkerei Alois Müller GmbH & Co., Fischbach**	Molkereiprodukte	**1829**	4200
284	**MAN Roland Druckmaschinen AG, Offenbach**	Maschinenbau	**1807**	10300
285	**Fraport AG Frankfurt Airport Services Worldwide, Frankfurt**	Flughafen-Betreiber	**1803**	21395
286	**Danzas Holding GmbH, Schwalbach**	Transport	**1799**	3400
287	**EDEKA Handelsgesellschaft Rhein-Ruhr mbH, Moers**	Groß- und Einzelhandel (Lebensmittel)	**1799**	4509
288	**Cobana/Fruchtring-Gruppe, Hamburg**	Großhandel	**1794**	3102
289	**British American Tobacco (Industrie) GmbH, Hamburg**	Holding	**1794**	4926
290	**MICHELIN REIFENWERKE KGaA, Karlsruhe**	Reifenindustrie	**1786**	6621
291	**RWE Rheinbraun AG, Köln**	Bergbau	**1784**	12792
292	**Heinrich Bauer Verlag, Hamburg**	Medien	**1781**	6575
293	**Brose Fahrzeugteile GmbH & Co. KG Coburg, Coburg**	KfZ-Zulieferindustrie	**1779**	7000
294	**Wilh. Werhahn, Neuss**	Holding, Beteiligungen	**1770**	8200
295	**DaimlerChrysler Services Leasing GmbH, Stuttgart**	KfZ-Leasing	**1759**	0
296	**Vaillant GmbH , Remscheid**	Heizungstechnik	**1750**	9300
297	**OTTO FUCHS Metallwerke, Meinerzhagen**	Metallerzeugung und -bearbeitung	**1749**	7810

Rang	Firma	Branche	Umsatz (€)	Mitarbeiter
298	**Raiffeisen Hauptgenossenschaft Nord AG (Hannover), Hannover**	Groß- und Einzelhandel (landwirtschaftliche Produkte)	**1747**	2537
299	**Kamps AG, Düsseldorf**	Holding	**1730**	13806
300	**HAMBURG SÜD, Hamburg**	Transport	**1726**	3041
301	**ZF Lemförder Fahrwerktechnik AG, Lemförde**	Metallverarbeitung	**1700**	5445
302	**Sana Kliniken-Gesellschaft mbH, München**	Dienstleistungen	**1696**	23530
303	**CG Nordfleisch Aktiengesellschaft, Hamburg**	Holding	**1691**	2978
304	**Unilever Bestfoods Deutschland GmbH & Co. OHG, Hamburg**	Nahrungs- und Genußmittel	**1691**	1800
305	**Hellmann Worldwide Logistics GmbH & Co. KG, Osnabrück**	Spedition	**1690**	6214
306	**Thyssen Krupp Nirosta GmbH, Krefeld**	Stahlindustrie	**1689**	4785
307	**MVV Energie AG, Mannheim**	Energieversorgung	**1679**	5170
308	**Rheinmetall DeTec AG, Ratingen**	Defence	**1677**	8828
309	**Mabanaft GmbH, Hamburg**	Mineralölhandel	**1666**	73
310	**DKV EURO SERVICE GmbH + Co. KG, Düsseldorf**	Dienstleistungen	**1657**	285
311	**O 2 Germany GmbH & Co.OHG, München**	Telekommunikation	**1650**	3500
312	**Raiffeisen Central-Genossenschaft Nordwest eG, Münster**	Groß- und Einzelhandel (landwirtschaftliche Erzeugnisse)	**1644**	600
313	**Solvay Deutschland GmbH, Hannover**	Chemie, Pharma	**1633**	5072
314	**Lufthansa City Center Reisebüropartner GmbH, Frankfurt**	Reisebüro	**1629**	35
315	**Volkswagen Transport GmbH & Co. oHG, Wolfsburg**	Transporte	**1620**	1656
316	**Alcatel SEL AG, Stuttgart**	Elektronik	**1608**	7192
317	**Peugeot Deutschland GmbH, Saarbrücken**	KfZ-Import	**1598**	1800
318	**T-Online International AG, Weiterstadt**	Internet-Dienstleistungen	**1583**	2586

Rang	Firma	Branche	Umsatz (€)	Mitarbeiter
319	**JENOPTIK AG, Jena**	Holding	**1583**	9824
320	**TOYOTA Deutschland Holding GmbH, Köln**	KfZ-Import	**1579**	323
321	**Alcan Deutschland GmbH, Eschborn**	Aluminiumindustrie	**1577**	2541
322	**SG Holding AG, Stuttgart**	Holding (Kfz-Handel, Finanzdienstleistungen)	**1561**	2428
323	**DERPART Reisevertrieb GmbH, Frankfurt**	Reisebüro	**1559**	300
324	**Gasversorgung Süddeutschland GmbH, Stuttgart**	Energieversorgung	**1546**	232
325	**PwC Deutsche Revision AG Wirtschaftsprüfungsgesellschaft, Frankfurt**	Wirtschaftsprüfung	**1546**	11000
326	**DYCKERHOFF AG, Wiesbaden**	Baustoffe (Zementindustrie)	**1545**	9831
327	**Lafarge Roofing GmbH, Oberursel/Taunus**	Baustoffe	**1537**	12100
328	**ZF Lenksysteme GmbH, Schwäbisch Gmünd**	Maschinenbau	**1535**	8924
329	**ANDREAS STIHL AG & Co., Waiblingen**	Maschinenbau	**1533**	7282
330	**Electronic Partner GmbH & Co. KG, Düsseldorf**	Ein- und Verkaufsvereinigungen	**1532**	1300
331	**Salzgitter Handel GmbH, Düsseldorf**	Stahlhandel	**1530**	1312
332	**Messer Griesheim Gruppe GmbH & Co. KG, Krefeld**	Chemie, Maschinenbau	**1526**	7225
333	**H & M Hennes & Mauritz GmbH, Hamburg**	Textileinzelhandel	**1515**	6880
334	**Fiat Automobil AG, Heilbronn**	KfZ-Import	**1515**	316
335	**ZF Nutzfahrzeug- und Sonderantriebstechnik GmbH, Friedrichshafen**	Maschinenbau	**1512**	7191
336	**RTL Television GmbH, Köln**	Medien (Private Fernsehanstalt)	**1503**	803
337	**Braun GmbH, Kronberg/Taunus**	Elektronik	**1502**	4761
338	**Novartis Deutschland GmbH, Wehr/Baden**	Pharma	**1493**	3712
339	**Hornbach Holding AG, Bornheim/Pfalz**	Baustoffe	**1492**	7026

Rang	Firma	Branche	Umsatz (€)	Mitarbeiter
340	**Electrolux Deutschland GmbH, Siegen**	Haushaltsgeräte	**1490**	7500
341	**Masterfoods GmbH, Verden/Aller**	Tiernahrung	**1489**	1962
342	**EDEKA Handelsgesellschaft Südbayern GmbH, Gaimersheim**	Groß- und Einzelhandel (Lebensmittel)	**1483**	9340
343	**RWE Systems Aktiengesellschaft, Dortmund**	Corporate Services	**1482**	1450
344	**Europcar GmbH, Hamburg**	Autovermietung	**1482**	1656
345	**Jungheinrich (Gruppe), Hamburg**	Maschinenbau	**1476**	9248
346	**British American Tobacco (Germany) GmbH, Hamburg**	Nahrungs- und Genußmittel (Zigaretten)	**1476**	1868
347	**Atofina Deutschland GmbH, Düsseldorf**	Chemie	**1461**	3475
348	**EDEKA Handelsgesellschaft Hessenring mbH, Melsungen**	Groß- und Einzelhandel (Lebensmittel)	**1460**	6100
349	**GEW RheinEnergie AG, Köln**	Energie- und Wasserversorgung	**1455**	3063
350	**R.I.C. Electronic Communication Services GmbH, Ditzingen**	Fachhandel (Unterhaltungselektronik, Kommunikationstechnik, Haustechnik)	**1452**	369
351	**Solvadis AG, Frankfurt**	Chemiehandel, Erz- und Metallhandel, Stahl und Recycling	**1440**	900
352	**Tarkett Sommer AG, Frankenthal**	Bodenbeläge	**1437**	7273
353	**NOWEDA eG Apothekergenossenschaft, Essen**	Großhandel (Pharma)	**1434**	1798
354	**DIEHL Stiftung & Co., Nürnberg**	Maschinenbau, Elektronik	**1430**	10600
355	**Ed. Züblin AG, Stuttgart**	Bauindustrie	**1418**	8207
356	**J. Eberspächer GmbH & Co. KG, Esslingen**	KfZ-Zulieferindustrie	**1413**	5198
357	**MAN B & W Diesel AG, Augsburg**	Maschinenbau	**1408**	6889
358	**Burda Holding GmbH & Co. KG, Offenburg**	Medien	**1404**	1751
359	**e.dis Energie Nord AG, Fürstenwalde**	Energieversorgung	**1398**	2405

Rang	Firma	Branche	Umsatz (€)	Mitarbeiter
360	**Handelsgesellschaft Heinrich Heine GmbH, Karlsruhe**	Versandhandel	**1395**	4600
361	**DER KREIS Einkaufsgesellschaft für Küche & Wohnen mbH, Leonberg**	Ein- und Verkaufsvereinigungen ,	**1390**	89
362	**OELMÜHLE HAMBURG AG, Hamburg**	Ölmühlen	**1388**	584
363	**Peek & Cloppenburg KG, Düsseldorf**	Textileinzelhandel	**1383**	12800
364	**INTERPARES-MOBAU GmbH & Co. KG, Karlsruhe**	Ein- und Verkaufsvereinigungen	**1380**	168
365	**Körber AG, Hamburg**	Maschinenbau	**1374**	8055
366	**Corus Deutschland GmbH, Koblenz**	Holding (Aluminiumindustrie)	**1374**	4345
367	**Ferrero OHG GmbH, Stadtallendorf**	Nahrungs-und Genußmittel	**1369**	3300
368	**IVECO MAGIRUS AG, Ulm**	Fahrzeugbau	**1366**	1911
369	**Interbaustoff GmbH & Co. KG, Bad Nauheimm**	Baustoffe	**1361**	107
370	**ATLANTA-Gruppe , Bremen**	Handel	**1360**	1624
371	**Pfeifer & Langen , Köln**	Zuckerindustrie	**1360**	1500
372	**Koenig & Bauer AG (KBA), Würzburg**	Maschinenbau	**1353**	7539
373	**ECKES AG, Nieder-Olm**	Getränkeindustrie	**1351**	2400
374	**co op Schleswig-Holstein eG, Kiel**	Groß- und Einzelhandel	**1349**	8000
375	**Wincor Nixdorf GmbH & Co. KG, Paderborn**	Informationstechnologie	**1349**	4618
376	**B. & C. Tönnies GmbH & Co. KG, Rheda-Wiedenbrück**	Nahrungsmittel	**1348**	1995
377	**EK Großeinkauf eG, Bielefeld**	Ein- und Verkaufsvereinigungen	**1341**	680
378	**AVA Logistik GmbH, Bielefeld**	Handel	**1332**	906
379	**Sony Deutschland GmbH, Köln**	Elektronik	**1332**	1149
380	**Drägerwerk AG, Lübeck**	Medizintechnik, Sicherheitstechnik, Luft-und Raumfahrt, Unterwassertechnologie	**1332**	9865
381	**Schwab Versand GmbH, Hanau**	Versandhandel	**1328**	4200

Rang	Firma	Branche	Umsatz (€)	Mitarbeiter
382	**GILDEMEISTER AG, Bielefeld**	Maschinenbau	**1327**	5045
383	**Müller GmbH & Co. KG, Ulm**	Handel	**1312**	15000
384	**EPCOS AG, München**	Elektronik	**1311**	13069
385	**M + W Zander Holding AG, Stuttgart**	Anlagenbau	**1308**	5346
386	**Arcor AG & Co., Eschborn**	Telekommunikation	**1307**	4000
387	**Krones AG, Neutraubling**	Maschinenbau	**1304**	8494
388	**HARIBO GmbH & Co. KG, Bonn**	Nahrungs- und Genußmittel	**1300**	6000
389	**SENATOR Lines GmbH, Bremen**	Reederei	**1300**	840
390	**Salamander AG, Kornwestheim**	Schuhindustrie, Dienstleistungen	**1297**	19438
391	**Erdgas-Verkaufs-Gesellschaft mbH, Münster**	Energieversorgung	**1291**	72
392	**Südfleisch Holding AG, München**	Großhandel, Außenhandel (Nutz-und Schlachtvieh)	**1289**	3648
393	**Olympus Optical Co. (Europa) GmbH, Hamburg**	Optik	**1280**	3603
394	**Webasto AG, Stockdorf**	KfZ-Zulieferindustrie	**1279**	5200
395	**GARANT SCHUH + MODE AG, Düsseldorf**	Ein- und Verkaufsvereinigungen	**1278**	390
396	**Elastogran GmbH, Lemförde**	Chemie	**1275**	1786
397	**MTU Friedrichshafen GmbH, Friedrichshafen**	Maschinenbau	**1273**	6688
398	**Hartmann-Gruppe, Heidenheim/Brenz**	Hygieneprodukte	**1270**	9636
399	**Claas KGaA, Harsewinkel**	Maschinenbau	**1265**	6114
400	**SCHLESWAG AG, Rendsburg**	Energieversorgung	**1263**	1954
401	**Hüttenwerke Krupp Mannesmann GmbH, Duisburg**	Stahlindustrie	**1263**	3544
402	**SKF GmbH, Schweinfurt**	Maschinenbau, KfZ-Zulieferindustrie	**1263**	6043
403	**ZEPPELIN GmbH, Friedrichshafen**	Maschinenbau, Handel	**1259**	3414
404	**toom Baumarkt GmbH, Köln**	Baumarkt	**1258**	8000

Rang	Firma	Branche	Umsatz (€)	Mitarbeiter
405	**Thyssengas GmbH, Duisburg**	Erdgas	**1252**	342
406	**MINOLTA Europe GmbH, Langenhagen**	Bildverarbeitungs- und Kommunikationstechnologie	**1251**	4796
407	**Renault Nissan Deutschland AG, Brühl**	KfZ-Import	**1250**	823
408	**VKG Vereinigter Küchenfachhandel GmbH & Co. KG, Pforzheim**	Ein- und Verkaufsvereinigungen (Küchenfachhandel)	**1250**	67
409	**Fiege Gruppe, Greven**	Transporte, Logistik	**1250**	12500
410	**Mitsui & Co. Deutschland GmbH, Düsseldorf**	Handel (Export,Import)	**1239**	189
411	**Wilhelm Karmann GmbH, Osnabrück**	Fahrzeugbau	**1239**	8100
412	**BSL Buna Sow Leuna Olefinverbund GmbH,**	Chemie	**1234**	2250
413	**Vorwerk & Co. KG, Wuppertal**	Raumpflege, Teppichböden	**1231**	16602
414	**Viterra AG, Essen**	Immobilienmanagement, Dienstleistungen	**1226**	2683
415	**OMV Deutschland GmbH, Burghausen**	Mineralölverarbeitung	**1226**	517
416	**Wieland-Werke AG, Ulm**	Metallbearbeitung	**1225**	5602
417	**DHS - Dillinger Hütte Saarstahl AG, Dillingen**	Stahlindustrie	**1221**	6260
418	**Trumpf GmbH & Co. Maschinenfabrik, Ditzingen**	Maschinenbau	**1218**	5561
419	**Vinci Deutschland GmbH, Ludwigshafen**	Bauindustrie	**1214**	8253
420	**rhenag Rheinische Energie AG, Köln**	Energie- und Wasserversorgung	**1213**	2849
421	**Buderus Heiztechnik GmbH, Wetzlar**	Heizungs-und Lüftungstechnik	**1207**	5730
422	**Deutsche expert Zentrale (Gruppe), Langenhagen**	Ein- und Verkaufsvereinigungen	**1200**	352
423	**August Storck KG, Berlin**	Nahrungs- und Genußmittel	**1200**	3974
424	**GRUNDIG AG, Nürnberg**	Elektro, Elektronik	**1200**	3910
425	**Mazda Motors (Deutschland) GmbH, Leverkusen**	KfZ-Import	**1192**	196
426	**INEOS Phenol GmbH & Co. KG, Gladbeck**	Chemie	**1188**	651

Rang	Firma	Branche	Umsatz (€)	Mitarbeiter
427	**P. Dussmann AG & Co. KG, Berlin**	Dienstleistungen	**1187**	50012
428	**Nordzucker AG, Braunschweig**	Zuckerindustrie	**1184**	4052
429	**Blaue Quellen Mineral- und Heilbrunnen AG, Rhens**	Getränkeindustrie	**1181**	2550
430	**Raiffeisen-Waren-Zentrale Rhein-Main eG, Köln**	Groß- und Einzelhandel (landwirtschaftliche Produkte)	**1180**	1924
431	**KSB AG, Frankenthal**	Maschinenbau	**1180**	11948
432	**STEAG AG, Essen**	Energieversorgung	**1178**	3532
433	**Microsoft GmbH, Unterschleißheim**	Software	**1173**	1300
434	**CompuNet Computer AG & Co. oHG, München**	Computertechnik, Datenverarbeitung	**1170**	3920
435	**Lufthansa CityLine GmbH, Köln**	Luftfahrt	**1167**	2285
436	**HONDA Deutschland GmbH, Offenbach**	KfZ-Import	**1165**	274
437	**Sonepar Deutschland GmbH, Düsseldorf**	Großhandel (Elektrotechnik)	**1164**	3570
438	**Krüger GmbH & Co. KG, Bergisch Gladbach**	Nahrungs- und Genußmittel	**1161**	1300
439	**Deutz AG, Köln**	Maschinenbau	**1161**	5470
440	**CONTI TEMIC Microelectronic GmbH, Nürnberg**	Automobilelektronik	**1161**	6032
441	**Du Pont de Nemours (Deutschland) GmbH, Bad Homburg**	Chemie	**1159**	2031
442	**Deutscher Möbel-Verbund Handels-GmbH, Fahrenzhausen**	Möbel (Verbundgruppe für den Fachhandel)	**1155**	70
443	**Moeller-Holding GmbH & Co. KG, Bonn**	Holding (Elektronik)	**1150**	12059
444	**ZF Passau GmbH, Passau**	Maschinenbau	**1149**	6060
445	**Mannesmannröhren-Werke AG, Mülheim**	Stahlbau, Handel	**1148**	4578
446	**Stinnes Interfer AG, Essen**	Werkstofflogistik	**1141**	1893
447	**J. Bünting Handels- und Beteiligungs-AG, Leer**	Handel	**1140**	6000
448	**SCHÜCO International KG, Bielefeld**	Bauelemente	**1135**	4100

Rang	Firma	Branche	Umsatz (€)	Mitarbeiter
449	**FILTERWERK MANN + HUMMEL GmbH, Ludwigsburg**	KfZ-Zulieferindustrie	**1127**	8754
450	**Phoenix AG, Hamburg**	Kautschukindustrie	**1126**	10000
451	**Elektrotechnischer Großhandel ETG J. Fröschl & Co. GmbH & Co. KG, München**	Groß- und Einzelhandel (Elektrotechnik)	**1120**	3500
452	**Aktiengesellschaft der Dillinger Hüttenwerke, Dillingen**	Stahlindustrie	**1120**	4800
453	**Bayerngas GmbH, München**	Energieversorgung	**1120**	125
454	**Mannesmann Plastics Machinery AG, München**	Maschinenbau	**1120**	6263
455	**Melitta-Gruppe, Minden**	Nahrungs- und Genußmittel	**1120**	3648
456	**DELPHI Deutschland GmbH, Wuppertal**	Kfz-Zulieferindustrie	**1118**	4518
457	**Europa Möbel GmbH & Co. KG, St. Augustin**	Ein- und Verkaufsvereinigungen	**1116**	5904
458	**LEONI AG, Nürnberg**	Holding (Kabel,Draht)	**1113**	18478
459	**Berlinwasser Holding AG, Berlin**	Holding	**1112**	6506
460	**Opel Eisenach GmbH, Eisenach**	Automobilindustrie	**1112**	1900
461	**SGL Carbon AG, Wiesbaden**	Chemie	**1112**	7360
462	**Deutsche Börse AG, Frankfurt**	Dienstleistungen	**1105**	2428
463	**STAHLwerke BREMEN GmbH, Bremen**	Stahlindustrie	**1105**	4215
464	**G. Schneider & Söhne GmbH & Co. KG, Ettlingen**	Großhandel (Papier)	**1104**	2136
465	**Raiffeisen Hauptgenossenschaft Nord AG (Kiel), Kiel**	Groß- und Einzelhandel (landwirtschaftliche Produkte)	**1103**	1264
466	**Agilent Technologies Deutschland GmbH, Böblingen**	Meßtechnik	**1102**	2500
467	**Campina GmbH & Co., Heilbronn**	Molkereiprodukte	**1099**	2200
468	**Wilhelm E.H. Biesterfeld GmbH & Co. KG, Hamburg**	Chemikalienhandel	**1099**	1300

Rang	Firma	Branche	Umsatz (€)	Mitarbeiter
469	**3M Deutschland GmbH, Neuss**	Chemie	**1099**	2811
470	**Kautex Textron GmbH & Co. KG, Bonn**	KfZ-Zulieferindustrie	**1095**	5250
471	**Hugo Boss Aktiengesellschaft, Metzingen**	Textil	**1093**	4754
472	**Ihr platz GmbH. + Co., Osnabrück**	Einzelhandel	**1092**	7500
473	**Giesecke & Devrient GmbH, München**	Druckerei	**1088**	6425
474	**PHW-Gruppe, Visbek**	Nahrungs- und Genußmittel	**1079**	3870
475	**Still GmbH, Hamburg**	Maschinenbau	**1078**	6326
476	**L. Possehl & Co. mbH, Lübeck**	Holding	**1075**	4600
477	**Kühne & Nagel AG, Hamburg**	Verkehr, Transport	**1069**	2843
478	**Alcan Holdings Germany GmbH, Singen (Hohentwiel)**	Holding	**1068**	4298
479	**Fuchs Petrolub AG , Mannheim**	Schmierstoffe	**1065**	4081
480	**MLP Marschollek, Lautenschläger und Partner AG, Heidelberg**	Finanzdienstleister	**1060**	3800
481	**Jos. Friedr. Bremke & Hoerster GmbH & Co., Arnsberg**	Lebensmittelgroßhandel	**1054**	7000
482	**PANASONIC Marketing Europe GmbH, Hamburg**	Elektro, Elektronik (Handel)	**1054**	342
483	**Dekra AG, Stuttgart**	Dienstleistungen	**1045**	10476
484	**K+S KALI GmbH, Kassel**		**1042**	7606
485	**Ecolab GmbH & Co. oHG, Düsseldorf**	Chemie	**1040**	5942
486	**Volvo Car Germany GmbH, Köln**	KfZ-Import	**1040**	236
487	**Pfleiderer Unternehmensverwaltung GmbH & Co. KG, Neumarkt**	Baustoffe	**1039**	6228
488	**AVIA Mineralöl AG, München**	Mineralölgroßhandel	**1037**	20
489	**Talkline GmbH, Elmshorn**	Mobilfunkdienste	**1030**	1000
490	**Schieder Möbel-Holding GmbH & Co. KG, Schieder-Schwalenberg**	Möbel	**1030**	11700

Rang	Firma	Branche	Umsatz (€)	Mitarbeiter
491	**Dirk Rossmann GmbH, Burgwedel**	Einzelhandel	**1022**	8000
492	**Wacker Silitronic Gesellschaft für Halbleitermaterialen AG, Burghausen**	Chemie	**1016**	6953
493	**KPMG Deutsche Treuhand-Gesellschaft Aktiengesellschaft Wirtschaftprüfungsgesellschaft, Berlin**	Wirtschaftsprüfung, Treuhand	**1016**	7000
494	**Vattenfall Europe Transmission GmbH, Berlin**	Energieversorgung	**1012**	634
495	**Celanese Chemicals Europe GmbH, Frankfurt**	Chemie	**1012**	1447
496	**Schefenacker AG, Esslingen**	KfZ-Zulieferindustrie	**1010**	7150
497	**Blaupunkt-Werke GmbH, Hildesheim**	Elektroindustrie, KfZ-Zulieferindustrie	**1009**	2800
498	**FÜR SIE Handelsgenossenschaft eG, Köln**	Inkasso-und Delkrederegenossenschaft	**1007**	21
499	**Readymix Aktiengesellschaft für Beteiligungen, Ratingen**	Baustoffe	**1007**	4323
500	**WESTFLEISCH eG, Münster**	Fleischvermarktung	**1007**	1206

Personenregister

N

Q

R

www.dwd-verlag.de
Fachliteratur aus erster Hand
Hier finden Sie:
Ausführliche Beschreibungen der Loseblattwerke, CD-ROMs, Bücher und Broschüren
kostenlose Leseproben und Inhaltsverzeichnisse
Komfortable Volltextsuche
Unternehmensführung
Außenwirtschaft
Wirtschaftsförderung
Einkauf
Umwelt
Aus- und Weiterbildung
Energie
Arbeitsschutz
Produktion
Logistik
Personalmanagement

Stein Promotions
AGENCY GmbH.
040 391910
ECHH
GROßELB STR 14.
22767 Hamburg

Phone back:
Henrike
KRONENBERG
Schulze

BMW
FRAU TÖNSHOFF
THOMAS GIRST.
Kulturkommunikation
BMW Group.
80788 München

DIENSTAG 29/6/ 10.00
Claire